货币之锚：黄金

——宏观框架下的黄金定价模型

范 为 张玉龙 房四海 著

中国金融出版社

责任编辑：吕　楠
责任校对：孙　蕊
责任印制：陈晓川

图书在版编目（CIP）数据

货币之锚：黄金：宏观框架下的黄金定价模型／范为，张玉龙，房四海著 . —北京：中国金融出版社，2020. 9
ISBN 978 - 7 - 5220 - 0696 - 3

Ⅰ. ①货…　Ⅱ. ①范…　②张…　③房…　Ⅲ. ①黄金市场—研究
Ⅳ. ①F830. 94

中国版本图书馆 CIP 数据核字（2020）第 123016 号

货币之锚：黄金——宏观框架下的黄金定价模型
HUOBI ZHI MAO：HUANGJIN：HONGGUAN KUANGJIA XIA DE HUANGJIN DINGJIA MOXING
出版
发行　中国金融出版社

社址　北京市丰台区益泽路 2 号
市场开发部　（010）66024766，63805472，63439533（传真）
网 上 书 店　www. cfph. cn
　　　　　　（010）66024766，63372837（传真）
读者服务部　（010）66070833，62568380
邮编　100071
经销　新华书店
印刷　北京市松源印刷有限公司
尺寸　169 毫米 ×239 毫米
印张　14
字数　175 千
版次　2020 年 9 月第 1 版
印次　2020 年 9 月第 1 次印刷
定价　69. 00 元
ISBN 978 - 7 - 5220 - 0696 - 3
如出现印装错误本社负责调换　联系电话（010）63263947

本书得到上海市青年金才计划的项目资助支持，特此鸣谢！

书评鉴语（以姓氏音序排序）

作者从攻读博士阶段就开始研究黄金定价机制，对黄金市场有很深刻的理解。书中提出了几类黄金的定价模型，并探讨了黄金与未来数字货币的关系。引人思考，值得一阅。

——韩忠学　前湖北省副省长

本书从多维度，全面深入研究了与人类历史进步相生相伴的黄金这一重要商品，既有从过去国际货币体系变迁的角度，又有当今黄金的定价机制模型，还有对未来黄金与数字货币等新兴事物关系的思考，提出一些独到见解，丰富和发展了该领域的研究。

——韩庆祥　一级教授，中央党校副教育长兼哲学教研部主任

几位学者从微观角度入手，研究了黄金在国际金融市场上的几种定价模型；并结合宏观角度，探讨了黄金对于国际货币体系以及国家战略储备的重要作用，很值得思考。

——王怀臣　前四川省纪委书记、中央第一巡视组组长

黄金，这一古老的货币与财富象征，在当今多事之秋，仍具有重大战略意义。本书从黄金的多种属性出发，创建了四个黄金定价模型，有不少创新点，值得一读。

——杨伟民　全国政协经济委员会副主任，
前中央财经领导小组办公室副主任

无论对于国际货币体系，还是全球金融市场；无论对于宏观经济，还是相关产业，黄金都是非常重要的一类资产。黄金的定价机制不仅影响着自身的价格变化，也牵涉着金融市场其他各类资产的价格波动。本书系统地提出了不同维度下的几个黄金定价模型，具有很强的指导作用，值得金融从业人员一读。

——赵昌文　教授、博士生导师，国务院
发展研究中心产业经济部部长

专家推荐（以姓氏音序排序）

黄金的货币属性，似乎与生俱来。当今世界，各国为了维持经济稳定，纷纷增发货币，也引起了人们对于通货膨胀与货币贬值的担忧。当前正逢新冠病毒肆虐全球，黄金的避险功能更加突出。本书从理论模型出发，深度地对黄金作了非常系统的研究，颇具投资参考价值。

——李迅雷　中国首席经济学家论坛副理事长，
中泰证券首席经济学家

作为特殊商品的黄金曾在长时间内是全球货币金融体系的基石。虽然在1971年布雷顿森林体系瓦解之后各国开始彻底拥抱信用货币，人类几乎没有可能重回金本位，但在发达国家推出多轮数量宽松且出现负利率之后，黄金作为保值工具的地位明显上升，金价波动对国际金融市场的影响在显著加大，因此黄金市场值得我们倾注更多精力去分析和研究。本书系统地介绍了全球黄金市场，对黄金价格模型做了很好的拓展，填补了我国在黄金市场研究方面的空白，对金融市场从业人员和广大投资者来说是非常好的参考资料，值得一读。

——陆挺　野村证券董事总经理，中国首席经济学家

凯恩斯说金本位制是野蛮时代的遗迹，奥地利学派认为现代经济的一个主要问题是信用货币过度扩张，主张回归金本位制，现在也有人认为比特币是数字经济时代的黄金。因而，如何理解黄金的货币属性和避险资产功能对其价格的含义，尤其重要，特别推荐本书。

——彭文生　中金公司首席经济学家

几千年来，黄金是财富的象征，是历史上最重要的货币，但进入信用货币时代以后，货币创造机制发生了重大变化。黄金具有商品、货币和投资避险三大属性，本书深入系统研究了黄金的定价模型、国际市场、战略

储备等重要命题。作者发现，黄金的商品属性在减弱，但投资属性在增加，背后是全球流动性泛滥。本书是研究黄金问题的优秀专著，值得一读。

——任泽平　恒大集团首席经济学家

黄金曾经是本位货币，但同时也是重要的商品。黄金经历了漫长的非货币化进程，可是它的流动性和交易量不亚于主要国际货币。黄金是最重要的避险工具之一，但在美元荒的时候金价同样不稳定，在美元泛滥的时代黄金也充当投机工具。黄金可以说是历史最悠久而且最简单的交易品种之一，可是很多投资者仍然对它一知半解。现在正是一轮黄金行情来临的时候，读这本书正当时。

——吴庆　研究员、东方资产管理有限公司首席经济学家

不管时代如何变迁，黄金总是让人着迷。黄金兼具商品和货币双重属性，价值随政治经济的变化，以及风险事件的爆发而时时变化。本书能帮助读者拨开蒙在黄金上的层层面纱，更清楚地看到黄金迷人的面庞，并对黄金市场的运动有更准确的把握。

——徐高　中银证券总裁助理兼首席经济学家

自有人类历史以来，黄金始终在人类货币体系里扮演着极其重要的角色。即使布雷顿森林体系崩溃、人类货币发行与黄金的最后一点儿联系被斩断之后，黄金依然是影响国际货币金融体系运作的重要因素。黄金不仅是大宗商品市场的定海神针，也是全球最重要的金融风险避险产品，更是各国中央银行不可缺少、努力增持的储备资产，还是普通消费者竞相追逐的奢侈消费品。因此，黄金的价格及其变动就是反映和衡量国际货币金融体系运行状态的一个重要指标。数百年来，经济学者和投资者一直将黄金价格的波动看作是分析经济金融趋势的重要指标。然而，正如任何金融产品的价格一样，黄金价格的波动规律及其影响因子异常复杂，有时甚至是难以捉摸。研究黄金价格的决定因子及其变动规律，一直是国际金融货币研究领域里的热门课题。《货币之锚：黄金——宏观框架下的黄金定价模

型》一书详尽分析了黄金价格的影响因子及其变动规律，由此提炼出多个分析黄金价格波动的定价模型。这些模型对于我们深入认识黄金价格波动规律有重要启发，值得读者重视。

——向松祚　《新资本论》和《新经济学》作者、
中国农业银行前首席经济学家

历史上看，每次大的货币政策宽松的后遗症之一就是信用货币体系对黄金的整体贬值。在固定汇率制度和金本位下，这通常表现为黄金兑换货币的价格一次性的大幅向上的调整；而进入浮动金价的时代，脱钩不再存在，而是直接表现为金价的大幅上升，比如2008年的QE直接导致金价上升了1倍多。这次为了应对新冠疫情冲击，全球央行大放水，势必提高全球通胀预期，从而推动金价向上。无论是配置黄金资产对冲组合风险，还是博弈金价上涨收益，研究宏观框架下的黄金定价模型都很有意义。

——杨德龙　前海开源基金首席经济学家

在新冠肺炎疫情肆虐全球的背景下，以美联储为代表的发达国家央行再度采用了零利率、大规模量化宽松与创新流动性注入措施，全球流动性放松容易、退出困难，这就给未来的黄金价格走势提供了很大的想象空间。本书提出的基于宏观框架的黄金定价模型，对投资者而言具有较强的参考借鉴价值。推荐阅读。

——张明　中国社科院世经政所国际投资室主任、研究员

尽管黄金在现代货币体系演进中的角色发生了转化，但无论在何种货币体系制度安排下，黄金的地位依然凸显，依旧是重要的金融与储备资产。笔者从多个维度，通过定性分析与定量模型相结合，研究黄金价格的决定体系，对于探索现代金融的核心领域大有裨益，值得一读！

——张岸元　中信建投证券首席经济学家

推荐序（一）

庚子鼠年，新冠疫情席卷全球，世界各国相互之间的物理隔离导致经济活动陷入停滞状态。金融市场遭受百年不遇的冲击，美股连续多次熔断，原油暴跌，甚至出现了负价格，黄金价格也出现了大幅度波动。在化解2008年"次贷危机"的经验基础上，美联储采用了无限量化宽松政策，及时阻断市场流动性危机向金融危机、经济危机蔓延。在这一背景下，2020年7月黄金价格已创历史新高，黄金成为2019—2020年全球金融市场表现最好的投资品之一。

黄金作为一种特殊的大宗商品，具有商品、货币和投资避险的多重属性。黄金在人类历史上具有举足轻重的意义，一直是财富的象征，也是古代货币中的王者、近代货币制度的核心、现代货币体系的重要组成。伴随着人类社会货币体系的漫长演进，自布雷顿森林体系崩溃，人类进入纯纸币体系（美元体系），黄金从货币转变为具有强金融属性的商品：一方面，黄金在工业生产中是很多产品的重要原材料，是一类重要的大宗商品；另一方面，黄金更多的体现其投资属性，成为全球金融市场最重要的投资产品，也影响着其他很多金融产品的价格走势。

在纯纸币体系（美元体系）的背景下，黄金的定价机制一直是金融市场的核心议题之一。正是由于黄金的多重属性，黄金的价格决定机制较一般普通商品更为复杂，不仅仅是简单的黄金商品供求决定机制，还包括黄金的财富储值、投资、投机等货币、避险属性的影响。本书从黄金的商品

1

属性、货币属性和避险属性三个角度深入地分析了黄金定价体系，系统地提出了黄金定价的四个模型，具有很强的理论创新意义。这对于金融学者研究理论、投资机构进行交易都有裨益，也是本书的最大亮点所在。

此外，本书还阐述了黄金在现代货币体系演进中的角色转化，认为无论在何种货币体系制度安排下，黄金的重要地位依然凸显，依然是重要的金融与储备资产；并探讨了当前国际货币体系的痼疾，以及在未来货币体系改革（或改良）过程中黄金可能扮演的重要角色。

最后，本书还探讨了当前金融市场面临的一些新课题，如数字货币、负利率等。随着经济金融的发展，负利率开始作为货币政策管理工具出现，传统经济学理论和资产定价分析基准都受到了巨大的挑战。黄金的定价问题在这种宏观环境中也存在着较大的变化。区块链技术的发展和数字货币的兴起，黄金终极货币的地位似乎也受到了挑战。这些都是当前新技术条件下黄金定价面临的崭新议题。本书通过对比的方式刻画了黄金与负利率的关系，并系统地回答了数字货币与黄金的异同。这也是本书的创新点之一。

综上所述，本书是当前研究黄金问题的优秀专著，完善了我国学者对于黄金市场的研究，对金融市场从业人员和广大投资者来说是有所裨益的参考资料，值得一读。

刘元春

中国人民大学教授、博士生导师，副校长

推荐序（二）

　　曾经的天然货币——黄金虽然已退出了国际货币体系的霸主地位，但其仍然是重要的一类大宗商品，也是国际资本市场中最重要的金融资产，并且还在国际货币体系中扮演着重要角色。因此，《货币之锚：黄金——宏观框架下的黄金定价模型》一书对黄金的价格决定机制、黄金的定价模型进行研究具有重要的理论与现实意义。

　　作者系统地梳理了现有的黄金研究文献，按黄金的大宗商品、货币及投资避险三大属性，黄金市场及黄金定价，黄金对货币体系影响的顺序讨论了过去学者们对于黄金研究的成果，并引入一些新的金融指标和资产价格，如加权马歇尔 K 值、通胀保护债券 TIPS 收益率、美国国债 CDS 等，来研究黄金的定价模型，结果发现：这些新指标能更有效地反映相关的宏观、市场因子对黄金价格的影响。这些结论既促进了黄金定价的理论研究，同时，也对金融机构进行黄金交易有所裨益。

　　鉴于黄金定价跟宏观经济存在着紧密的联系，作者选择在一般均衡的框架下对黄金进行定价，相对于其他定价框架更贴近实际情况。书中针对黄金的几种属性，在不同的情况下分别提出了相应的定价模型，包括：宏观流动性与黄金价格模型、实际利率预期与黄金价格模型、金融危机与黄金价格模型、战争与黄金价格等。得出了一系列具有创新意义的结论：（1）全球的宏观流动性是决定长期黄金价格走势的驱动因素，随着加权马歇尔 K 值数十年来的持续上行，黄金价格长期呈上涨趋势；（2）黄金可以

1

看作一个超国家主权信用的、永不到期的无息债券，通胀保护债券TIPS收益率反向驱动黄金价格变化；（3）金融危机期间，美国国债CDS走势对黄金价格走势影响显著，并正向驱动黄金价格的变化；（4）战争对于黄金价格的影响属于短期影响，黄金价格会在战争出现时表现出显著的上涨；但当战争结束后，黄金价格即出现回落。战争持续的时间长短并未对黄金价格有明显的影响，即使战争是持久战，但往往战争爆发3个月之后，黄金价格的走向就看不出规律。这些也是本书的重点和创新点。

此外，作者在本书中还讨论了国际货币体系中的黄金问题。虽然布雷顿森林体系解体之后，浮动汇率体系能够更加灵活地调节经济和金融市场活动。但是在美元的信用本位制度下，货币发行机制有着其自身难以克服的痼疾，即美元的"特里芬难题"——要为世界提供美元，美国就必须负债，多印钞票；美国钞票印多了，人们就会丧失对美元的信心。这就和各国央行使用美元作为财富储存手段的目的发生了冲突。同时，在全球经济发展过程中，伴随着货币的过量发行，政府、企业、居民也会积累庞大的债务，宏观杠杆率会不断攀升，次贷危机以来的全球经济便是典型的现实案例。因而当前的国际货币体系仍然存在着一些亟待解决的问题，在这一过程中，黄金一定会扮演重要的角色。

因此，本书的出版无论对于经济、金融学者研究货币体系、金融市场，还是对于金融机构进行黄金投资，抑或是对于普通读者了解货币的本质、洞观财富的保值增值都有很好的启示作用，值得一阅。

俞 乔

清华大学公共管理学院教授、博士生导师、前任学术委员会主席

自 序

黄金，作为一种特殊的大宗商品，具有商品、货币和投资避险的多重属性。它已经跨越政治制度、种族文化、经济发展程度，好比一条金色的血脉，贯穿于整个人类的历史。从古埃及、玛雅文明、巴比伦到中国，黄金作为财富的象征被长久地保留了下来，并承载着人类文化和艺术。

由于黄金具备单位价值量高、便于携带、易于保存和分割的特点，在经济发展过程中就成为货币，继续推动着商品经济的发展。随着商品经济和生产的复杂程度提升，黄金不仅被用作饰品业、工业和现代高新技术产业的重要原材料，也被用作重要的国际支付手段和财富储备载体，成为世界货币。但在工业革命之后，商品交易的大幅度增加使得原有的黄金不能满足商品交易的需求，对黄金的需求促进了人类的航海和新大陆的发现。黄金作为货币经历了从金铸币本位、金块本位、金汇兑本位，再到第二次世界大战后建立的布雷顿森林体系。牙买加协定后，黄金退出了货币体系，成为信用货币本位体系下的特殊商品。黄金市场随着经济发展产生了巨大的变化：黄金市场规模大幅度增加，黄金交易品种更加丰富、交易制度更加完备。因此，本书在第一部分中着重分析了世界黄金市场的最新概况，介绍了黄金投资和黄金产品，以及国内外的相关交易制度。

本书的第二部分着重讨论黄金的定价问题。在信用本位时代下，黄金重新回归商品，但是黄金悠久的历史、广泛的可接受性，使得黄金在金融市场中成为最重要的投资品之一，特别是黄金的避险属性使得黄金成为资

1

产组合中不可或缺的品种。黄金不仅被投资者当作危机时资金的避风港，也被视为规避通货膨胀风险的投资工具。此外，黄金还是反映市场风险溢价水平的重要指标，从而与其他资产价格相关。因此，黄金作为国际金融市场上最重要的一类金融产品，对其定价问题进行研究具有重要的理论和实际意义。

从资产定价的角度来看，黄金相对于其他能产生现金流的资产不同，通常的贴现模型不能够对其定价，因为其不产生现金流，甚至还存在着一定的保存成本。另外，黄金存在着商品属性、货币属性和避险属性等多重属性，其价格决定机制较一般普通商品更为复杂，不仅仅是简单的黄金商品供求决定机制，还包括黄金的财富储值、投资、投机等货币、避险属性共同作用的结果。此外，在不同的宏观经济周期时期，驱动黄金定价的主要变量还会发生漂移。因此，本书提出了不同宏观背景下的数个黄金定价模型，具体如下：

第一，本书从宏观流动性的角度研究了黄金定价和信用货币规模之间的关系。衡量信用货币泛滥度的指标是马歇尔 K 值，通过构造加权马歇尔 K 值来测度全球宏观流动性，并通过对加权马歇尔 K 值和黄金价格的实证研究得出结论：流动性是决定长期黄金价格走势的重要驱动因素。

第二，本书从利率波动的角度来研究了实际利率与黄金价格走势的关系，结果发现：实际利率预期较实际利率本身更能影响黄金的价格走势。本书用美国国债利率与通货膨胀率之差来测度实际利率，用通胀保护债券 TIPS 收益率来测度实际利率预期。通过大样本实证研究得出：实际利率预期的确对黄金价格产生非常明显的负向影响；并在书中提出了一个对黄金的全新定义：黄金是一个超国家主权信用的、永不到期的、无息债券。作者多年的研究认为这是对黄金定价最深刻的一句话，希望读者能够通过本部分的阅读领会到这一点。

第三，本书研究了金融危机对黄金价格的影响。将黄金价值分解为：大宗商品基准价值、基于汇率的"隐性货币价值"和主权国家信用违约的风险溢价，并分别以大宗商品 CRB 指数、美元指数和美国国债 CDS 利差作为代理变量对其进行定价研究。研究表明：美元指数 USDX 负向驱动黄金价格，大宗商品指数 CRB、美国国债指数 CDS 正向驱动黄金价格。其中美元指数滞后一阶、美国国债 CDS 利差滞后二阶的价格信息对黄金价格影响非常显著。

第四，本书研究了战争对黄金价格的影响。从 20 世纪 70 年代以来的各场主要战争中黄金价格走势来看，黄金确实体现了对战争危机的明显避险属性，验证"乱世的黄金"这一谚语。本书的研究发现：战争对于黄金价格的影响属于短期影响，黄金价格会在战争出现时表现出显著的上涨；但当战争结束后，黄金价格即出现回落。战争持续的时间长短并未对黄金价格产生明显的影响，即使战争是持久战，但往往战争爆发 3 个月之后，黄金价格的走向就看不出规律。

本书在第三部分分析了国际货币体系中的黄金，并系统地回答负利率、数字货币等因素是否对黄金构成挑战等新的课题。由于在国际货币体系中黄金具有终极货币的职能，货币体系和货币制度的演变也是围绕黄金展开的。因此，在系统梳理了黄金定价模型的基础上，本书研究了黄金在国际货币体系变迁中的地位变化，以及未来国际货币体系变革过程中黄金可能发挥的作用。文中将国际货币体系变革分为国际货币体系改良以及国际货币体系改革两种情况，并分别探讨了这两种情况下黄金地位的变化以及其价格可能出现的走势。

为了进一步刻画黄金的终极货币的职能，本书选择了 2008 年国际金融危机作为切入点，系统地从国际货币体系的角度来理解美元的地位，进一步能够凸显黄金终极货币的职能。在金融危机中，我们看到黄金首先发挥了避险属性，其次在中央银行通过注入流动性的方式解决金融危机的过程中，隐形终极货币职能重新体现出来。

为了系统比较黄金和避险货币之间的区别，本书进一步比较了日元、瑞士法郎、美债和黄金避险属性的异同。前三者是信用本位货币体系下的避险资产，黄金是终极货币。从理论上，黄金能够规避的风险等级高于日元、瑞士法郎和美债，而且能够规避无政府状态和战争状态的国家信用崩溃的问题。除此之外，数字货币的兴起虽然能够模拟黄金有限供给的特征，但是并不能替代黄金，这也解释了当前金融市场对数字货币的争议话题。

在本书的写作过程中，我们得到了许多专家学者（以姓氏音序排序）的指点和关心。我们首先要感谢韩忠学先生、韩庆祥教授、李迅雷首席、李怡宗教授、陆挺首席、彭文生首席、任泽平首席、谭雍先生、王怀臣先生、吴庆研究员、向松祚教授、杨伟民教授、杨德龙首席、俞乔教授、尹升女士、赵昌文教授、张明研究员等在本书写作过程中给予我们的大力支持与帮助。其次，我们要感谢中国金融出版社的编辑同志们以及曹乐然女士、上官方舟先生、王俊成先生对本书出版给予的专业意见与建议。最后，特别感谢我们的家人，无论远近，他们都随时关心着我们的成长，他们的关爱是我们在人生道路上前行的精神动力。

希望读者能够在阅读本书的过程中有所收获。由于作者水平有限，书中存在的问题我们将在再版中进行修订，欢迎读者对我们的研究提出宝贵的意见和建议。

范　为　张玉龙　房四海
2020 年 4 月

目录

第一部分

黄金及黄金市场

第一章
概述

1.1 引言

黄金，这是一个听了就让人顶礼膜拜的字眼，它有着太多的光环，象征着人类财富。早在一万年前人类第一次认识黄金之后，它就与人类的发展如影随形。无论对于国家、政府，还是普通百姓，无论对于金融机构，还是实体经济企业，黄金都发挥着重要的作用和潜在的影响。它似乎已经成为跨越政治制度、种族文化、经济发展程度的一种信仰，好比一条金色的血脉，贯穿于整个人类的历史。从古埃及的金权杖到中国的三星堆金面罩，从皇帝的桂冠到普通人的首饰，黄金用它特有的尊贵传达着人类对财富和权势的至高追求。

在人类社会漫长的发展过程中，它始终充当着货币的角色，成为最初人类一切财富的象征。让我们简单地了解一下黄金的历史。

埃及作为四大文明古国中历史最悠久的国度，一直有着对黄金崇拜的历史。埃及人把黄金作为太阳神的象征，古埃及法老们都会为自己打造一个黄金宝座，比如留给世人的最珍贵的图坦卡蒙的纯金宝座。在罗马，黄金是黎明女神的名字，罗马帝国发动的多次战争都有掠夺黄金的因素在其中。在中国古代，黄金似乎只是皇族、王公大臣的专属品。中国古代黄金的一个重要用途就是皇帝将它赏赐给文臣武将。在印度，黄金甚至已经渗透到宗教的教旨之中，在传统的印度教教义中认为黄金是高尚的代表，是圣洁的法器。所以，即使很多印度人还在贫困挣扎，但会在子女大婚时候贷款买金买银，这已经是一个宗教问题。据《大公报》报道，有统计表明印度每年大约有一千万名新娘，她们中的不少人都会选择佩戴黄金首饰。据调查到目前为止，印度家庭的黄金储量已达1.5万吨，约是美联储黄金储量的2倍。

而远在大洋彼岸的古玛雅文明中，印加帝国被称为黄金帝国，印加人被称为"黄金与荣耀的主人"，其亡国也是因为西方殖民者对于黄金的贪婪。16世纪，葡西殖民者为了掠夺黄金而杀戮当地民族，在人类文明史上留下了血腥的一页。似乎正是对拉丁美洲黄金的掠夺，使得18世纪的欧洲率先实行了"金本位制"。

在第一次工业革命浪潮的推动下，已经有了充足黄金储备的英国于1717年最早实行了"金本位制"，随后欧洲各国纷纷仿效，前后一共有50多个国家实行了金本位制，持续时间长达200多年。金本位制的实行便利了经济和贸易的发展，对各国的经济迅速发展作出了巨大贡献，这也使得黄金作为近现代货币体系的第一种模式的作用发挥到了极致。同时，也使得黄金的属性从货币属性，扩展到了大宗商品属性，此时它已成为现代工业的一种重要材料。到了第一次世界大战的时候，各国为了筹措军费开支，对黄金实施管制，禁止黄金进出口和自由买卖，金本位制的存在没有了黄金自由流动这一基础。因此，在此基础上出现了"金汇兑本位制"，在这一体制下，黄金集中到了各国中央银行。在这之后，1929年的全球经济危机以及后来的第二次世界大战使得黄金更为集中到各国央行，然后通过军火交易，进一步集中到了美国。第二次世界大战后，美国一度集中了全球80%的黄金储备。于是，1944年，在美国的强势推动下，各国政府签署了

《布雷顿森林体系》，确立了各国货币对美元、美元对黄金的兑换关系，实际上促使了美元霸权的产生。

但好景不长，由于向全球输出美元，20世纪50年代美国出现国际收支赤字，60年代又陷入了越战泥潭，出现了严重的通货膨胀。世界对美元丧失了信心，于是出现了一波将手中美元兑换成黄金的风潮，美国政府的黄金储备急剧减少，无法维系布雷顿森林体系。1973年，尼克松宣布放弃固定官价汇兑政策，自此黄金进入价格自由浮动时期。这一时期，尽管黄金的货币属性逐渐被美元所替代，但其投资避险属性得以加强，特别是对以美元为代表的现代纸币体系的避险。这也印证了中国的古谚"盛世的古董、乱世的黄金"。

回顾了黄金的发展史，我们发现伴随着黄金的发展历程，其具备的属性越来越多。总结一点，黄金既是工业品，又是投资品，同时还是潜在的"货币"和乱世的避险资产，如此多的光环使得其具有了商品、货币和投资避险的多重属性。正是由于其拥有的多重属性，它无论对于全球货币体系还是一国的宏观经济决策，无论对于国际资本市场还是全球工业经济都具有极其重要的影响。

黄金的商品属性是指黄金被作为饰品业、工业和新兴技术产业的重要原材料来源。黄金的货币属性是指黄金作为支付手段，发挥其货币支付职能，即使在黄金非货币化之后，它仍是继美元、欧元、英镑、日元之后的第五大国际结算方式；同时，黄金事关一国金融安全，是一国国际储备的重要组成部分。黄金的投资避险属性是指当全球经济、金融出现大幅波动或危机时，黄金都会成为资金的避风港，每次经济、金融危机期间都有大量资金涌入黄金市场避险。尽管在历史的不同时期，黄金各种属性的表现形式和相对地位有所变化，但其多重属性一直相伴相随、共同发挥作用。

因此，研究黄金市场、定价及其对宏观经济政策、全球货币体系和资本市场的影响对于经济、金融研究者和市场从业人员都有着极其重要的理论和现实意义。

1.2　黄金的多重属性

黄金，作为一种特殊的大宗商品，具有商品、货币和投资避险的多重属性。正是由于黄金的多重属性同时存在，使得黄金价格的形成机制较一般普通商品更为复杂，不单单是简单的黄金商品供求决定机制，还要考虑全球货币体系变化、全球货币政策变动以及黄金市场投资和投机的需求变化。

1.2.1　黄金的商品属性

黄金的商品属性是指黄金被作为饰品业、工业和现代新兴技术产业的重要原材料来源。黄金的元素符号来自拉丁文 Aurum 一词，原意为"光辉灿烂的黎明"，在古罗马，Aurora 是黎明女神的名字。

黄金是在自然界中少数几种以单质形式存在的金属，马克思在《政治经济学批判》一书中写道"黄金实际上是人类发现的第一种金属"。史前人类可能是被某条河流的河床上冲刷出来的天然黄金的光泽所吸引，发现并逐步了解了黄金。人们发现这种金属永不变色、永不生锈、易于加工，黄金很快就成了人类所崇尚的物品。黄金自然属性主要体现在以下几方面：

（1）密度相对较高。黄金的密度为 19.32 克/厘米^3（20℃时），直径 46.24 毫米的金球，重量达 1 公斤，一个边长为 37.267 厘米的正方体，重量就可达一吨。

（2）极好的延展性。1 克黄金能制成长 3500 米、直径为 0.0043 毫米的细丝。黄金的硬度只有 2.5（摩氏硬度），用牙齿可以咬出印记。这使得黄金具有良好的工艺性，易于锻造和加工，在首饰行业和加工行业有着得天独厚的优势。

（3）良好的导电及导热性能。黄金的导电率仅次于银和铜，在金属中居第三位，金的导热性仅次于银。

（4）稳定的化学性质。黄金在低温或高温时都不会被氧直接氧化。常温下，单独的无机酸（如盐酸、硝酸、硫酸）对黄金均不起作用，只有王水（三份盐酸和一份硝酸）以及氰化物溶液能溶解金。可见金具有极高的抗腐蚀、抗氧化的稳定性。从古代墓葬中出土的黄金制品，色彩依然鲜艳。黄金的这种特性保证了黄金可以反复使用。

（5）明亮的光泽。高纯度的黄金呈明亮的黄色，金成色不同，颜色也不同，从淡黄色到鲜黄红色。民间有"七青八黄，九紫十赤"的说法，这是从外观颜色上大致确定黄金成色的方法。在首饰加工中，人为调整金和其他金属（如银、铜、铁、镍等）的配比，可以呈现出不同的颜色，如红色、绿色、灰色、蓝色等。

（6）黄金的稀缺性。黄金矿产在世界各国分布极不均衡，主要集中在南非、俄罗斯、美国、澳大利亚、中国、加拿大、印度尼西亚等少数国家，这些国家黄金储量占世界黄金储量的80%。有史以来人类地下开采的黄金总量为15万~20万吨，用一艘大型油轮就可以运走。

黄金的商品属性是其货币属性、投资属性的基础，是黄金有别于其他金属的独特的特性。黄金的优良特性随着社会和科技的进步不断被人类发现和开发，广泛应用于社会生活各个领域：

（1）在生活领域，黄金是制作首饰和工艺品的最佳材料，黄金首饰易于加工，有着明亮持久的光泽，并有一定的保值储备功能，历来是美化生活和财富地位的象征。

（2）在电子制造领域，工艺精密程度加大，要求元器件、线路有良好的稳定性、导电性、耐腐蚀性，只有黄金及其合金能达到这么严格的要求。如金及合金制作的键合金丝等产品，广泛应用于集成电路制作中，应用于通信设备、电脑等制造行业。

（3）在航空航天科技领域，黄金的应用也较广泛，抗辐射、耐高温、不易被腐蚀的金铂合金用于燃料部件及热反射器，镀金用在各种宇宙仪表上防止太阳的辐射。宇航员的装备如面罩等部位镀有一层黄金，用来防止太空中的射线对人身的伤害。

（4）在医疗领域，中国传统的中医理论有黄金入药的历史。明代李时珍《本草纲目》记载"食金，镇精神、坚骨髓、通利五脏邪气，服之神仙。……以箔入丸散服，破冷气、除风"。黄金大量应用于镶牙的材料。

（5）在建筑领域，金可用于建筑物和器物的装饰，镀金的光学玻璃可以反射红外线，达到节能的目的。

1.2.2　黄金的货币属性

黄金在漫长的历史时期一直承担着货币职能，起着一般等价物的特殊商品作用。正如马克思在《资本论》中所阐述的"货币天然不是金银，但金银天然是货币"。黄金在世界货币体系发展中，经历了以下几个主要阶段：

（1）金银复本位制：16～18世纪被各个新兴的资本主义国家广泛采用的是金银复本位制。它是指同时以黄金、白银为币材，铸造两种本位币同时流通使用的货币制度。金银复本位制先后经历了平行本位制、双本位制和跛行本位制三种不同形式的演变。

（2）金本位制：18世纪末到19世纪初，为适应经济的发展，西方各资本主义国家都逐步从复本位制向金本位制过渡。金本位制的特点主要是国家的货币储备和办理国际结算都使用黄金；各国的国际收支通过"物价—现金流动机制"来调节。由于金本位制的这些特点可以保证货币汇价的稳定，促进了国际贸易的顺利开展。

（3）虚拟金本位制度（又称金汇兑本位制）：第一次世界大战过后，1922年意大利热那亚召开的国际货币金融会议上确定了虚拟金本位制度。

该制度试图降低对黄金的过度依赖，主要内容包括：黄金依旧作为国际货币体系的基础，各国纸币规定有含金量，代替黄金执行流通、清算和支付手段的职能；黄金充当最终支付手段，以维持汇率稳定。这种制度降低了对黄金的过度依赖，一定程度上克服了黄金产量不足的限制。然而世界贸易中对黄金的需求与黄金的产量的缺口的矛盾仍然存在，在汇率频繁波动时用黄金干预外汇市场来维系固定比价显得力不从心。

（4）混乱阶段：20世纪30年代开始，国际货币体系经历了长达十几年的混乱时期。在这期间，以英、美、法三大国为中心的三个货币集团（英镑集团、美元集团、法郎集团）以各自国家的货币作为储备货币和国际清偿力的主要来源，在全球范围内展开了争夺国际货币金融主导权的斗争，这种局面一直持续到第二次世界大战结束。

（5）布雷顿森林体系：第二次世界大战以后，由于70%的黄金已经控制在美国手里，因此各国通过了以"各国货币—美元—黄金"为核心的《国际货币基金组织协定》，建立了以美元为中心的"布雷顿森林体系"。其核心内容包括：美元直接与黄金挂钩，其他国家货币与美元挂钩；以美元为国际货币结算的基础，美元成为世界最主要的国际储备货币；实行固定汇率制，各国央行有义务在超过规定界限时进行干预。这样，美元取得了等同于黄金的地位，成为世界各国的"硬通货"。客观地讲，该体系的建立，对第二次世界大战后扩大国际贸易往来和恢复各国经济发展起到了很大作用。

但布雷顿森林体系有其自身的缺陷。1960年，特里芬（Triffin）在《黄金与美元危机》中指出布雷顿森林体系的致命缺陷：当美国国际收支逆差时，美元的信心受损，市场会对美元的"硬通货"地位产生疑问；但当美国国际收支顺差时，市场对美元的信心倒是有了，但这又会导致其他各国的货币储备不足，可能引发通缩和经济衰退。这就是历史上著名的"特里芬两难"。这一难题难以解决，20世纪60年代后期，美国的国际收支逐渐恶化，"美元危机"爆发。1972—1973 年，黄金价格由 35 美元/盎司上升到 90 美元/盎司，市场不断抛售美元，购入黄金。最终，西方国家放弃固定汇率制，实行浮动汇率。至此，布雷顿森林体系完全崩溃。

（6）牙买加协议与黄金的非货币化：在以黄金和关键货币为主要国际储备资产的金汇兑本位制度下，由于无法解决国际货币制度的根本缺陷，也就是国际流动性不断增大和本位货币无法同比例增长的问题[①]。1976 年 1 月，国际货币基金组织达成《牙买加协议》，其主要内容包括：浮动汇率合法化；黄金非货币化，废除黄金官价，成员国可以在黄金市场按市场价格买卖黄金。这一决定削弱了黄金在货币体系中的地位，从此国际货币体系抛弃了商品本位制度、商品和信用混合本位制，采用了完的信用本位制度，黄金进入非货币化阶段。

现在，黄金已经非货币化，但是黄金的货币属性仍然在发挥作用。凯恩斯曾经说过："黄金在我们的制度中具有重要的作用。它作为最后的卫兵和紧急需要时的储备金，还没有任何其他的东西可以取代它。"目前，黄金作为最好的保值工具，受到了全世界广大投资者的高度认可。无论是机构投资者，还是普通市民都大量购入黄金，作为对冲货币贬值风险的金融产品，这也是黄金货币属性的充分体现。

1.2.3　黄金的投资避险属性

牙买加协议后，国际货币体系发生了本质的变化，以美元为代表的信用货币体系将黄金驱逐出历史舞台，各国政府摆脱了黄金产量限制与经济发展的矛盾，可以根据实际经济的需要，决定基础货币的供应量。便捷的信用货币降低了交易成本，促进了国内贸易和国际贸易的发展，从而有利

---

① 早在 20 世纪 50 年代，就有学者探究了黄金非货币化以前黄金价格与国际流动性之间的关系，文章认为随着国际贸易的快速增加，流动性资金在国际之间流通速度成倍递增，现有货币体系已成为世界经济发展的约束。

地推动了经济的发展。以信用为基础的各种金融商品层出不穷，金融市场高速发展，金融市场的发展又推动了实际经济的发展。各国政府拥有了选择汇率制度的自主权，这不仅有利于各国政府根据本国经济的实际情况调节其货币政策，同时也有利于一国经济体的内外部平衡。

虽然黄金退出了国际货币舞台，但长期笼罩在黄金头上的光环并没有完全散去。信用货币的致命缺陷和国际政治、经济形势动荡，一次又一次把黄金从幕后推向前台。在全世界范围内，黄金成为重要的金融投资工具，其主要原因是：

（1）随着货币体系的非货币化变革，信用货币取代了黄金的作用，黄金向其商品属性回归，逐步脱离了各国的管制，进入商品流通领域。使黄金投资成为可能。

（2）许多国家居民有长期喜爱黄金，贮藏黄金的消费传统，如印度、中国等国。

（3）浮动汇率制度，国际经济自由化和国际间资本的流动，加速了国际间金融的风险的生成和传播，国际地缘政治冲突和恐怖袭击等突发事件，大周期带来的经济动荡、金融泡沫，时时冲击信用货币的基础。人们需要更加可靠、稳固的投资品种。

（4）黄金是世界各种资产里最易流动的资产，是全世界通用的终极资产，是唯一不必靠国家信用或公司承诺变现的资产，也没有与此相关的风险。人们乐于接受黄金，易于变现。大额黄金交易，往往比多数资产更为快捷。

（5）黄金价格机制使得黄金与其他资产相关性较低甚至负相关，根据现代投资组合理论，黄金是投资者保持投资多元化，分散风险，减少不确定性的重要工具。

黄金的投资避险属性是黄金商品属性和货币属性的延伸和发展，是黄金魅力在新时期的体现，走下神坛的黄金，依然是世界人民喜爱的特殊商品和投资手段，在国际形势动荡和金融风暴中，不时闪现出灵光。在次贷危机的短短几年时间，黄金价格翻了3倍，甚至创出了1900美元/盎司的新高。以高盛为代表的国际投行和金融机构均认为，由于黄金的稀缺性，黄金的价格长期来看仍然会继续走高，1900美元/盎司远远不是黄金价格的终点。

1.3　黄金研究文献回顾

作为曾经的货币以及如今资本市场重要的金融产品，黄金一直受到学界和业界的广泛探讨和研究，涉及的范围不仅仅限于黄金市场、黄金价格、黄金衍生品等，甚至包括黄金与汇率、黄金与战争、黄金与国际贸易。本部分将系统回顾过去学者专家对于黄金市场、黄金定价，以及黄金与国际货币体系等方面的相关研究文献，以为我们的写作启发思路和开阔视野，同时供后续的黄金研究者参考与借鉴。在文章构架上，我们将顺着黄金的商品、货币以及投资三大属性，黄金市场及黄金定价，黄金对货币体系的影响等几个部分来回顾过去学者对于黄金研究的成果，以资后人考鉴。

1.3.1　黄金的商品属性相关研究

黄金是饰品业、工业和现代新兴技术产业的重要原材料来源之一，因此它具有大宗商品[①]的属性。其大宗商品属性为黄金的价值提供了基准，作为一种特殊的大宗商品，它是否同样具有大宗商品的一个特性——抗通胀？它的抗通胀的特性有多强？过去很多学者对这方面进行了深入研究。

Adrangi等（2003）认为黄金与通货膨胀有非常强的正相关，同时黄金在通货膨胀初期的上涨幅度远不如其他大宗商品，但在通胀后期金价的涨

---

① 传统的分类将大宗商品分为四个子类：硬商品（以铜、铝、锌为代表），软商品（以小麦、玉米、天然胶为代表），贵金属（以黄金、白银、钯金为代表）和能源（以原油、天然气为代表）。

幅将超过其他商品，远大于通货膨胀率，从而达到保值增值的效果。但文章对其中的原因未进行解释，我们认为通胀初期往往意味着经济增长较为强劲，由于石油、铜等大宗商品的工业用途更为广泛，因此将会有更大的需求增长，从而表现为价格的快速上涨；而黄金由于工业用途不如其他大宗商品显著，因此实际需求增速不大，涨幅慢于其他大宗商品。而在通货膨胀后期，实体经济增速已经开始出现下滑预期，石油、铜等大宗商品的需求已经开始回落，因此价格滞涨；而由于担心实体经济衰退，黄金的避险属性开始发挥作用，因此黄金价格走出与石油、铜等大宗商品迥异的走势。多个经济周期中这些资产的价格表现都反映出这一点。

Ranson 和 Wainwright（2005）认为黄金价格是通货膨胀的先行指标，他用"预报器"来形容黄金价格可以提前反映未来的通货膨胀预期的这一功能。但我们认为实际情况不完全如此。当经济处于正常状态时，黄金价格的确可以很好地反映市场对通货膨胀的预期；但当经济处于危机状态时，物价往往处于通缩阶段，由于那时市场的避险情绪非常浓厚，黄金不但不会随着通货紧缩而下跌，反而仍然会出现上涨，2008 年国际金融危机期间黄金的表现就充分证明了这一点。

Blose（2009）也证明了我们的看法，Blose 指出很多学者和市场投资者都认为黄金价格反映了通货膨胀的强度，建议投资者在通货膨胀时期买入黄金以对冲通货膨胀风险；部分学者在实证研究中甚至把黄金作为通货膨胀的替代变量。但通过 1988—2008 年的数据实证发现：CPI 的变化并未如众所周知的那样对黄金价格有如此大的影响，也就是说黄金并不是通货膨胀的"预报器"。黄金价格的影响因素远不止这么简单，而是受到多种因素的共同影响。

因此，总结一点：黄金能抗通胀，但是黄金的大宗商品属性不如原油、铜等强。因为，通胀往往是由于经济过热带来的，而经济过热通常会伴随着对原油、铜等大宗商品的强烈需求，需求增加必然会促使原油、铜价格大幅上涨，而黄金的工业需求并不如原油、铜等那么强烈，因此其抗通胀的能力客观上讲不如原油、铜等大宗商品。

1.3.2　黄金的货币属性相关研究

黄金在漫长的历史时期一直承担着货币职能，起着一般等价物的作用。正如马克思在《资本论》中所说："货币天然不是金银，但金银天然是货币。"黄金在世界货币体系发展中，经历了金银复本位制、金本位制、金汇兑本位制、布雷顿森林体系以及牙买加协议（黄金的非货币化）五个主要阶段。现在，黄金已经非货币化，但是黄金的货币属性仍然在发挥作用。甚至有学者的研究表明黄金的货币属性仍然是其第一属性，因此很多学者也从这方面入手对黄金进行了深入探讨，相关的研究主要是黄金与各国汇率的关系。

尽管黄金已经退出"货币"这一历史舞台，但其遗留下的货币遗迹使其依然是现代纸币体系的一种潜在替代品。特别是和美元之间的关系相当微妙：支持现代纸币体系的专家认为黄金遗留着蛮横的历史味道，金本位制度只会把世界经济拖回到衰退时代，纸币体系取代金本位是历史的必然选择；而黄金本位支持者认为纸币体系是统治阶级通过通货膨胀剥削劳动人民的隐蔽工具，只有黄金不会欺骗人类，不会贬值。

在此，我们不辨是非。只是从学术研究的角度讲，正是由于黄金和现代纸币体系的这种关系，黄金与汇率，特别是与美元对其他国家的汇率有着非常紧密的联系。

Sjaastad 和 Scacciavillani（1996）从汇率的角度出发探讨了汇率波动对于黄金价格的影响，该文章使用 1982—1990 年的数据，研究表明汇率波动是影响黄金价格的一个重要因素。在布雷顿森林体系解体以后，各国汇率的变化趋势是黄金价格波动的最重要原因。其时，美国对其他国家的汇率变化并不是黄金价格波动的最主要原因，而欧洲国家的汇率①变化对黄金价格走势影响更为显著。

Sjaastad（2008）在 Sjaastad 和 Scacciavillani（1996）的基础上重新研究了相同的话题，这次他们使用了更新的数据（1991 年 1 月到 2004 年 6 月）。新的研究发现欧元区各国之间的汇率已经不再是黄金价格的主要影响因素，而是美元对欧元和日元的汇率显著影响黄金市场价格波动。文章还发现主要黄金生产国（南非、俄罗斯、澳大利亚）的汇率变化对黄金价格并没有显著的影响，这似乎表明：黄金并非一种简单由"供给—需求"决定的商品，而是一种全球性的"隐性货币资产"。因此我们在本书中将深入探讨其这一特性。

前面几篇文献研究了汇率对黄金价格的影响，而接下来的这篇文献则探讨了黄金价格对汇率的影响。

Dooley 等（1992）研究了汇率与各国外储结构变化的关系，即不同国家对外储结构的偏好变化及相应调整会影响汇率。一方面，部分国家始终信任黄金，而部分国家信任以美元为代表的信用货币；另一方面，在不同的时期，纸币对黄金的相对估价存在相对高估和相对低估的情况，这些都会影响不同国家的偏好。假设只存在两个国家、三种货币（A 国货币、B 国货币以及黄金），对一国而言，两国贸易中产生的顺（逆）差只能用另一国货币或黄金储备，因此其结构的变化必然影响汇率的波动。本书采用1976—1990 年的相关数据，通过向量自回归模型和协整模型的实证检验表明黄金价格的波动的确对各国汇率变化有很强的解释力。

1.3.3　黄金的投资属性相关研究

黄金的投资属性是其大宗商品属性和货币属性的延伸和发展，是黄金

---

① 当时还没有欧元，文章作者指欧洲主要国家的货币（如马克、法郎、英镑、里拉等）的汇率变化。

魅力在新时期的体现，走下神坛的黄金，依然是全球央行、机构投资者以及普通民众喜爱的投资手段的特殊商品。如近年来中国、印度、俄罗斯等新兴经济体都在加大购买黄金的购买量，以增加黄金在其外汇储备中的比重；而代表民间投资黄金最大的机构，也是全球最大的黄金 ETF——SPDR①的黄金持仓量自成立之初至今一直处于快速增长的态势，持仓超千吨，超过了很多中央银行的黄金储备量。从以上两个小案例，足以看出：无论是政府还是民间都在加大对黄金的投资比重。从接下来我们介绍的一些学术文献，我们也能看出黄金投资属性的重要性。

关于这方面的研究，学者的关注点主要集中在黄金对于改善投资组合的收益/风险结构的作用，黄金和股票的关系，黄金和其衍生品的关系以及黄金与其他贵金属的关系。

1.3.3.1 关于黄金与投资组合的研究

Jaffe（1989）认为黄金价格走势与股票市场价格走势时而同向、时而反向，在资产组合中加入黄金类资产有助于改变组合的收益/风险结构，文章具体研究了黄金及黄金股票对于提升资产配置组合收益率及降低组合风险（波动性）的作用。通过使用 1971—1987 年的黄金价格数据以及 Toronto 股票市场的相关股票数据进行收益风险检验。研究表明，将黄金以及黄金股票加入资产组合，都能提高组合的平均收益率，这说明黄金是资产配置中较优的一种投资标的；另外，在降低风险（波动性）这一点上，加入黄金的投资组合波动性将有显著下降，而加入黄金股票的投资组合波动性没有显著降低，这说明对于稳健型投资者，在其资产组合中加入黄金比加入黄金股票是相对占优的一种投资策略。Hillier 等（2006）使用更新的数据（1976—2004 年）来检验黄金对于资产配置的作用，通过在 1976—2004 年

---

① SPDR：全球最大的黄金 ETF 基金，由 World Gold Trust Services（世界黄金信托服务公司）及道富环球投资管理于 2004 年 11 月在纽约证券交易所推出，是全美首个以商品为主要资产的交易所买卖证券，并成为增长最快的交易所买卖产品之一。

的股票指数资产中（包括 SP500 和欧澳远东指数 EAFE）加入黄金资产，组合的收益的确得到了优化，文章得出的最优投资组合为黄金占资产的比重为 9.5%。

1.3.3.2 关于黄金与股票的研究

关于黄金价格与股票市场指数走势以及相关行业股票价格走势的研究也为众多学者所热衷。Aggarwal 和 Soenen（1988）发现黄金与股票指数为正相关关系，但比较微弱；Carter 等（1982），Blose 和 Shieh（1995），Larsen 和 McQueen（1995），McCown 和 Zimmerman（2006）发现黄金价格与股票价格并无明显的关系；Blose（1996）发现黄金价格与股票市场呈负相关关系。Daly（2005）总结了前面各位学者的研究，认为黄金价格和股票市场有一定的相关性，但没有必然的因果关系。因此不同的样本数据同时得出黄金和股票市场不同的相关性，我们也赞同 Daly（2005）的观点。

Chua 等（1990）检验了 1970—1989 年 SP500 指数和黄金价格走势的相关性，发现：20 世纪 80 年代黄金与股票指数走势的相关性远高于 70 年代黄金与股票指数走势的相关性。Garry（2002）检验了黄金价格变化对澳大利亚黄金生产企业股价变化的影响，发现两者有非常高的相关性。文章用美元计价的黄金价格以及澳元对美元的汇率变化来计算以澳元计价的黄金价格，通过对 1985—1998 年 12 家黄金生产企业的股价研究，发现：以澳元计价的黄金价格每变化 1%，黄金生产企业的股价变化 0.76%。

Baur 和 Lucey（2009）的文章很有意思，研究了黄金到底是股票、债券资产的"避险天堂"，还是它们的对冲资产？文中把"避险天堂"定义为在危机时刻，黄金与股票、债券的走势不相关；把对冲资产定义为总体样本区间上，黄金与股票、债券的走势不相关。通过对美国、英国、德国的股票、债券和黄金的价格数据研究表明：黄金具有股票对冲资产的特征，即黄金和股票的走势没有太大的相关性；同时，黄金还是股票的"避险天堂"，即当股票市场发生大的下跌时，往往黄金的走势会表现出相异的走势，但作者同时强调黄金的"避险天堂"作用时间不长，平均每次只有15个交易日左右，建议投资者在股票出现极端负面情形的时候买入黄金，但在股市波动开始减弱的时候就卖掉黄金。而关于黄金与债券的关系，文章发现黄金既不是债券的对冲资产，也不是债券的"避险天堂"。

我们对黄金与股票的相关性的认识是：黄金价格的确与黄金生产企业的股价有一定的正相关性；但黄金价格与股票市场指数走势的关系却不是那么直接，黄金是通过影响市场风险溢价来影响股票指数走势，而且分为两种情况：在经济下行时期，黄金价格上涨，表明市场避险情绪上升、风险偏好下降，因此市场对于股票资产要求更高的风险溢价，体现在股票上就是股市会下跌；而在经济上行时期，黄金价格上涨表明通货膨胀预期较强，市场股票价格也会相应地出现上涨。不过在资产组合中加入黄金类资产的确有助于提高组合的收益/风险比。范为、宋鸿兵（2008）和范为（2009）在探讨基于均值—VAR 的资产配置问题中，均提出在资产组合中加入黄金能够改善投资组合的收益/风险情况。文章使用历史收益率、历史波动率、GARCH 模型波动率和 Sharpe 指标来比较分析各类资产（包括黄金、股票指数、债券指数、现金、房地产指数）的收益、风险及风险溢价，并用 2003—2009 年的数据，得出在投资组合中黄金的配置比例在 16% 左右为最优投资组合。

1.3.3.3　关于黄金与黄金衍生品的研究

黄金有着多种的衍生产品，最简单的比如黄金期货，略微复杂一点的比如黄金期权、黄金链接票据等。Bailey（1987）对 Comex 市场的黄金期权的价格进行了实证研究，文章分别使用了常数利率的期权定价模型以及考虑随机利率的 Ramaswamy - Sundaresan 期货期权定价模型对其价格进行检验。文章发现考虑随机利率的 Ramaswamy - Sundaresan 模型远比原始的期权定价模型更接近真实市场价格，这一点比标的为股票的期权定价模型更为显著。其原因在于：利率除了影响期权价格外，利率本身对于黄金价格的影响远大于对于股票价格的影响。Engle 等（1987），Chow（2001）检验了期货市场黄金的风险溢价变动与套利机会之间的关系，通过协整检验表明当风险溢价增大的时候，黄金期货的套利机会增大。Batten 和 Brian（2007）研究了黄金期货市场的波动性，通过用 Garman Klass 模型对 1999—2005 年数据研究表明期货市场黄金价格的波动性与其交易量正相关。范为等（2008）提出黄金联结票据的复合型结构化产品，并用 Monte - Carlo 模拟对其进行了定价分析和对冲策略研究。这一设计后来被广泛用于国内很多的银行理财产品和信托产品中。

1.3.3.4 关于黄金与其他贵金属的研究

关于黄金与其他贵金属的相关关系的研究，很多学者都把注意力放在研究黄金和白银的相关性上，因为两者曾经都是货币本位的一种承载方式，有着类似的属性。Wahab 等（1994）用协整检验了黄金和白银的价格相关性，发现无论是期货价格还是现货价格的日数据，两者都表现出很强的正相关性。Escribano 和 Granger（1998）用月数据分析了从 1971 年到 20 世纪 90 年代中期的黄金和白银价格，文章用 1971—1990 年的数据进行样本内协整检验，用 1990—1994 年的数据进行样本外检验，以检验两者相关性的稳定性。研究发现：样本内数据表明黄金和白银价格的收益率具有较强的相关性，但样本外的检验却发现其相关性开始变得不稳定。这说明两种贵金属的价格走势开始出现相异的走势。而 Ciner（2001）的研究进一步证实了这一点，文章研究了 1992—1998 年的东京商品交易所的黄金和白银价格，实证研究表明两者的相关性已经不复存在，作者把其原因解释为：随着市场有效性的提高，已经没有投资者简单地用"黄金—白银比价"作为判断黄金、白银价格走势的方法，因此两者根据其自身的特性以及不同时期的经济状况表现出了相异的走势。Brian 和 Edel（2006）研究了 COMEX 市场从 1982 年到 2002 年黄金与白银的"周一效应"，发现无论黄金和白银都存在着负的"周一效应"。Batten 等（2007）通过对一种叫"黄金—白银价差"期货合约（Gold - Sliver Spread Future）的新型衍生产品的研究也证实了这一点。文章分析是否能通过"均值回复规则"来获取正的收益，结果发现并不能通过这一规则获取超额收益，这也说明了黄金和白银的价差并不符合均值回复规律，即不是黄金上涨，白银就会跟着上涨；反之亦然。这一结论对于进行基差套利交易的投资者来说具有一定的实际意义。

总结前人的研究，我们得出结论：黄金和白银的正相关性已经随着市场的不断发展和完善而变得越来越弱。

1.3.4 关于黄金市场及黄金定价的研究

1.3.4.1 关于黄金市场的研究

关于黄金市场的价格表现，国内外学者都对其一直予以关注，并通过细致研究发现其市场自身的一些特征，以下列举具有代表性的一些研究文献。

Tschoegl（1980）检验了1973年以来黄金现货市场的有效性，发现黄金现货市场属于弱有效市场。文章使用了一阶 Markov 过程进行检验，发现仅靠公共信息，普通投资者不能获得超额收益率，但市场做市商和专业投资者有可能通过内部信息获得超额收益率。其间黄金价格的收益率显著为正，原因是其时布雷顿森林体系崩溃，美元对黄金比价一泻千里以及后来发生的几次中东石油战争。

而 Weston（1983）对 NYMEX、LME 等几大交易所的黄金期货市场运用谱分析和游程检验进行了有效性检验，文章发现黄金期货市场并非有效市场，这说明黄金期货市场的有效性较现货市场差。

基于黄金期货市场并非有效市场的前提，Monroe 和 Cohn（1986）认为短期无风险利率（1个月、3个月、6个月美国国债利率等）可以作为黄金储存的机会成本，通过1个月、3个月、6个月美国国债利率与对应到期日的黄金期货合约之间的相关性分析，可以显示是否有机会获取超额利润。

即如果市场为非有效市场，则黄金价格收益相对于短期无风险利率有时太高或有时太低，黄金期货价格从均衡的角度会就短期利率的期限结构而作出反应。他们采用了芝加哥交易所 1976—1982 年的黄金期货价格和同期短期国债利率数据作为研究对象，检验结果显示两个市场的确并非完全有效市场，这意味着投资者可以在短期国债利率期限结构与相应到期日黄金期货价格的相关性异常时进行交易并获取超额利润。

Ball 等（1982）使用 1975—1979 年的黄金价格数据检验了黄金市场的"周末效应"，发现与股票市场不同，黄金市场并不存在所谓的"周末效应"，即黄金价格的收益率并不存在某一交易日显著高于或低于其他交易日的情况。作者在文中提出不存在"周末效应"的可能原因在于股票没有交割日，而黄金有交割日。由于交割日的存在，使得"周末效应"在黄金这一金融产品中并不显著，相反"日历效应"可能会更为显著。

Cai 等（2001）在文章"谁在影响黄金市场?"中分析了 COMEX 市场黄金价格的日内收益率（interday return）和日内波动率情况，从宏观经济数据影响黄金价格的角度出发研究了美国宏观数据发布（包括消费者价格指数 CPI、GDP、失业率、居民收入 PI 等）对黄金市场的影响，通过高频数据的研究发现：1994—1997 年，美联储的 23 次宏观数据发布只有 4 次对黄金市场产生了明显的影响，其影响程度显著低于对债券市场和汇率市场的影响。具体而言，影响黄金价格最显著的宏观经济数据是失业率数据，其次是 GDP，再次是 CPI，最后是居民收入数据。

Edel 和 Brian（2007）研究了黄金市场现货黄金以及期货黄金价格的波动，文章使用了 Ding 等（1993）和 Brooks 等（2000）提出的 Power - GARCH 模型对黄金价格的波动进行了检验，通过使用 1983—2003 年的月度黄金现货、期货价格数据，发现 Power - GARCH 模型比基于正态分布的 ARCH 模型、GARCH 模型能更好地描述黄金价格的波动，更能刻画出黄金价格波动的长记忆性（long memory）。同时，文章还研究了多种宏观经济信息（如美国和英国的 CPI、失业率以及工业生产指数）以及资本市场产品价格（如美元汇率、布伦特原油价格、SP500 以及 FTSE100 股票指数）对黄金价格的影响，发现：美元汇率和黄金价格一直保持着较高的相关性，而其他资产价格和黄金价格并不具有很强的相关性。

Antonino 等（2007）在 Grudnitski 和 Osburn（1993）使用神经网络预测黄金价格的基础上，运用了滚动神经网络模型来处理黄金价格波动的"尖峰厚尾"现象，研究表明滚动神经网络模型能更好地模拟和预测黄金价格变动趋势，实证表明其对黄金价格走势的预测精确度为 60.68%，标准差为 2.82%。

郑秀田（2008）运用 GARCH－M 模型估计了中国黄金市场收益与风险的关系。该研究表明：黄金价格日收益率具有波动聚集的特征，美元汇率、主要国家货币政策、国际政局动荡及战争对黄金价格具有持久的影响力，GARCH 模型能够较好地拟合黄金价格的走势。同时，研究还表明黄金市场的风险和收益同向变动，即投资者对市场关注度较高，信息传递较快，黄金市场是有效市场；但文章未具体说明黄金市场有效性是弱有效还是强有效。

温博慧（2008）以中国上海和英国伦敦黄金市场为例，在国内外黄金价格形成机制的基础上，应用非参数分析的 R/S 方法实证研究了国内外黄金价格波动性及其演化。研究表明国内外黄金价格波动都存在集聚性和持续性的特征，而且国内市场金价波动的上述特征弱于国外市场。究其原因，我们认为：国际黄金市场上有大量的投机性金融资本进行黄金衍生品交易，对市场具有一定的"助涨杀跌"作用，同时国际黄金市场中不同势力出于政治意图的角逐也会使市场"过度反应"；而国内黄金期货市场建立时间不长，黄金衍生品种相对较少，再加上国内政府的干预力度相对国际市场强，所以国内的黄金价格波动幅度实际上略小于国际黄金市场。

1.3.4.2 关于黄金定价的研究

一种资产的价格变化，其最重要的影响因素就是"可量化预期"的收益和风险。如股票的可量化预期是 EPS，房地产的可量化预期是租金，商品的可量化预期是供需平衡；但黄金不会产生价格之外的收益，既不会产生 EPS，也不会产生租金，那黄金的可量化预期是什么呢？这就是黄金的奇妙之处。学者们从不同的角度出发试图去找到影响黄金价格的驱动因素。

过去黄金定价的研究主要集中在其价格影响因素和相关性分析方面。Goodman（1956）探究了黄金非货币化以前黄金价格与国际流动性之间的关系，文章认为随着国际贸易的快速增加，流动性资金在国际之间流通速度成倍递增，而黄金由于国际结算的快速扩张，其供求关系发生变化，黄金价格已经被低估。尽管当时的"国际货币基金协定"已经确立了美元与黄金之间的恒定比价为 1 盎司黄金 = 35 美元，但文章还是大胆地提出黄金价格应该随着国际贸易（流动性）的增加而升值。从现在的情况来看，不能不说作者的研究在当时还是很有预见性的。

Stephen 和 Dale（1982）研究了政府黄金拍卖对黄金市场价格的影响，发现政府宣告黄金拍卖消息之后，黄金价格会在短时间内下挫，但之后会以更快的速度上涨。文章通过对 1968—1974 年这几年间政府拍卖黄金对黄金价格的影响进行分析，认为政府通过拍卖储备黄金来达到限价或价格天花板的效果，短期内的确会对黄金价格产生负向冲击，但这一行为往往也会遭到市场投机者的反向攻击，因此最终黄金以更快的速度上涨，也就是说政府试图干涉黄金价格的行为最终是无效的。

而从汇率角度出发研究黄金价格的文献最多，Sjaastad 和 Scacciavillani（1996）、Sjaastad（2008）、Dooley 等（1992）等的研究在前面章节（1.3.2）已有所介绍。

Luis 和 Solomos（2005）研究了金本位制度调整对以贸易为权重的有效汇率（包括名义有效汇率和实际有效汇率）的影响。1914 年以前，世界货币体系存在的是最纯粹的金本位制度，在这一体系之下，大多数国家的货币都与黄金挂钩，在金本位的基础上建立全球汇率体系；而1914年第一次世界大战以后，随着全球贸易的迅速扩大，各国越来越意识到黄金作为支付手段，携带实在不方便，各国政府都逐渐过渡为使用信用货币，不过当时的信用货币仍是以金币为本位货币。银行券等各种信用货币可以自由兑换金币或黄金。但由于大多数国家黄金储备日益减少，这种制度无法再维持下去，金本位制进入了一个新的阶段，即金汇兑本位制的阶段。研究发现金本位制度的调整对全球各国的名义有效汇率的影响比较显著，而对实际有效汇率的变动影响不是很显著。

Forrest等（2005）则将黄金看作是对冲美元汇率风险的一种重要资产。文章使用了1971—2004年的黄金、英镑对美元汇率、日元对美元汇率的周数据，实证研究表明绝大部分时间黄金都与两者的汇率同向变动，即黄金的确具有对冲美元汇率风险的功能，研究同时还发现：黄金价格还受到不确定以及未预期的政治变化和政治事件的影响。

国内的相关研究包括：杨柳勇、史震涛（2004）通过回归分析，探讨了股票价格、通货膨胀率、美元的名义有效汇率、黄金储备的增减等因素对黄金价格的影响，得出的结论是：股票价格、美元的名义有效汇率、黄金储备的增减与黄金价格负相关，通货膨胀率与金价正相关。

傅瑜（2004）从证券价格、产出GDP、通货膨胀率和石油价格等因素出发对影响国际黄金价格波动的因素进行了实证分析，表明美元汇率、证券价格、GDP和石油价格与黄金价格呈负相关趋势，通货膨胀率、国际局势恶化以及替代品价格与金价呈正相关趋势。

杨叶（2007）研究了黄金价格和石油价格之间的联动效应，论证了两者由于有共同的影响因素，如美元汇率、通货膨胀以及国际重大事件影响，因此其价格长期有一定的联动效应。

王文杰等（2009）使用波动性建模的方法，结合事件窗口研究了金融海啸下的上海黄金期货市场的波动规律，该研究表明：美元指数 USDX 与美国国债收益率和黄金收益率具有明显负相关性。研究还发现，与国际市场相比，上海黄金期货收益率存在着更明显的异方差性，而且金融风暴的发生加剧了市场的波动。

范为、房四海（2012）提出在此次金融危机中，黄金表现出了较强的货币和避险属性。就当前货币体系下的黄金定价问题：他们提出了一个基于各大类资产互相定价的新思路，模型综合考虑了黄金的商品、货币和避险属性，将黄金价值分解为：商品基准价值、基于汇率（货币篮子）的"隐性货币价值"和主权国家信用违约的风险溢价，并分别以 CRB 指数、美元指数 USDX 和美国国债 CDS 等资产价格作为代理变量对其进行定价研究。研究还表明：黄金价格波动率存在聚类性、长记忆性，但不存在非对称性。

此外，胡乃联和宋鑫（1999），李俊青（2004），刘曙光和胡再勇（2008），翟敏和华仁海（2006）对黄金的价格也进行了定价研究。

1.3.5　关于黄金与货币体系的研究

关于黄金与货币体系的关系，这是一个关系到国际货币体系以及贸易结算货币的根本问题，历来不同的学者存在两种截然相反的观点。部分学者认为由于黄金产量的不足，金本位制度必然会制约经济的进步，只会把世界经济拖回到衰退时代；而黄金本位支持者认为黄金能够通过和物价的自我调节实现有效循环，比如早在 200 多年前，Hume 就提出"物价—现金流动机制"（Price Specie – Flow Mechanism），即国际收支波动过程中，逆差国黄金将流向顺差国，逆差国黄金储备下降促使货币供给下降，导致商品价格下跌，而顺差国黄金储备上升引起货币供给增加，导致商品价格上升，结果是逆差国商品由于价格下降而更具竞争力，出口增长；相反，顺差国商品竞争水平下降，出口减少，这种过程持续直到国际收支出现新的平衡。

在当时国际贸易中，各国货币可以自由兑换，实行多边自由结算，黄金储备成为自动调节国际收支失衡的重要工具。

前任美联储主席格林斯潘（Greenspan）早期甚至也提出过抛弃联储，回归金本位的思想，当时他认为"在没有金本位的情况下，将没有任何办法来保护人民的储蓄不被通货膨胀所吞噬，财富将没有安全的栖息地"。他在论文中提出：在金本位制度下，一个国家的信用额由这个国家的有形资产规模来决定，没有了金本位制度，也就没有了安全的价值储存载体。他还认为，赤字开支是一种将社会财富充公的阴谋，而金本位制度会严格约束这种赤字开支，起到保护大众财产权的作用。当然格林斯潘在担任美联储主席后逐渐背离了支持金本位的观点。

1.4 本书的研究思路

我们以黄金的多重属性作为切入点，围绕黄金的属性展开研究，并进一步对黄金进行定价分析。本书系统地探讨黄金市场和黄金投资，并对黄金的定价提出了四种模型，以分析不同经济情景下黄金定价的不同机制。在此基础上，我们进一步探讨国际货币体系中的黄金地位，系统回答黄金与其他避险资产的异同，并分析数字货币等新型资产和负利率环境对黄金构成的挑战，最后探讨了黄金对于一国战略储备的重要性。本书的技术路线图见图 1-1。

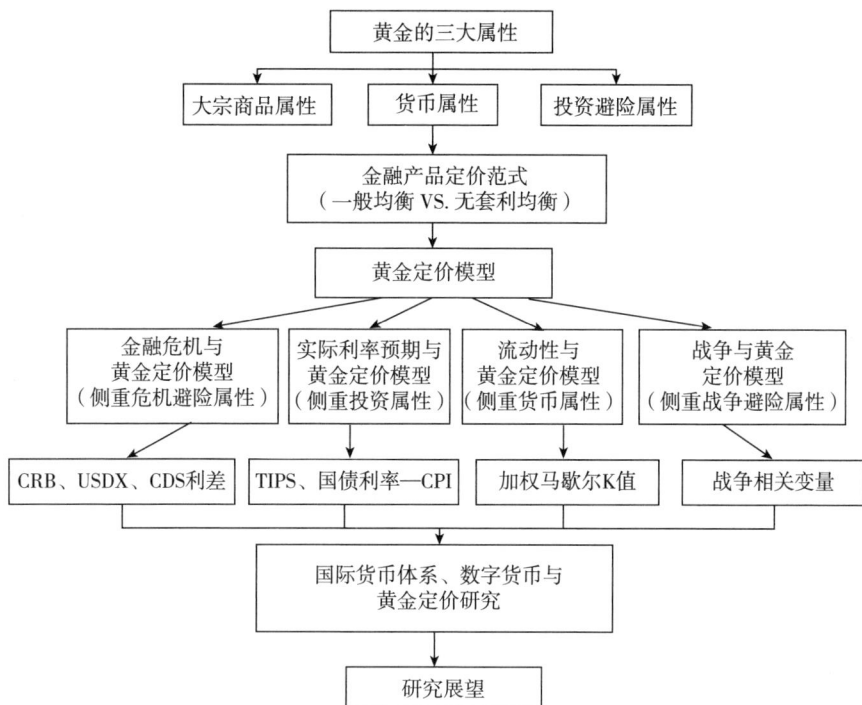

图 1 – 1　本书的技术路线图

1.5　本书的结构安排

我们在本书的第一章系统地讨论了黄金的三重属性——商品属性、货币属性以及投资属性，正是由于黄金的多重属性，使其表现出与其他金融资产与众不同，备受政府、机构和市场的关注和青睐。

同时，本章还回顾了过去学者对黄金进行研究的各方面文献，梳理了国内外学者对黄金定价的研究理论，其出发点包括：

（1）从大宗商品属性出发，通过研究原油、白银与黄金之间的关系，从大宗商品的角度分析黄金的可能的定价机制；

（2）从货币属性出发，通过研究美元指数、欧元与美元汇率、其他货币对美元汇率等因素对黄金价格的影响，探讨黄金的货币属性和可能的定价机制；

（3）从黄金的避险属性出发，通过研究美国国债 CDS 利差对黄金价格的影响来对黄金进行定价。

在第二章和第三章中，我们简要地分析了世界黄金市场的形成、发展，也讨论了黄金相关的金融产品概况。

本书的第二部分是全书的核心内容，主要讨论黄金定价机制和黄金定价模型。我们沿着从宏观到微观的角度，从宏观货币流动性、实际利率、金融危机期间和战争期间的四个不同的角度展开对黄金的定价研究。在第二部分我们研究了黄金的四个定价模型，通过对这四个黄金定价模型的研究，试图找到不同阶段影响黄金价格的驱动因子，更好地对黄金进行定价研究。

第四章介绍了资产定价的两种均衡分析方法——一般均衡分析方法和无套利均衡分析方法。根据我们从事资产定价十多年来的感悟，从开始的无套利均衡分析方法，到思维慢慢地出现转变，特别是通过对次贷危机的反省，逐渐意识到资产定价其实不能仅仅只考虑无套利均衡。因而在本章中，笔者提出了在很多资产定价时，仍然需要回到一般均衡的框架下来探讨。

在第五章中，我们主要考虑的是黄金的货币属性，认为黄金价格的涨跌和货币发行量有很大的关系。虽然黄金作为支付手段已经退出了流通体系，但黄金作为"隐性货币"的作用却一直存在，所以金价反映的不仅是黄金本身的供需关系，还包含了全球货币供需变动的关系。因此，黄金的价格需要更多地从货币体系内去寻找其驱动变量。一言以蔽之，"金价即流动性"。因此，第五章从货币流动性角度出发对黄金进行定价研究。我们发现近十年来黄金的商品需求在逐步下行，投资需求在不断攀升，而各国央行投放的过量流动性是黄金的投资需求持续上升的根本原因。在第五章中，我们通过构造加权马歇尔 K 值来测度全球流动性，并通过实证研究加权马歇尔 K 值和黄金价格的变动得出结论：流动性是决定长期黄金价格走势的重要因素。

在第六章中，我们着重从黄金的投资属性出发研究了黄金的价格，由于股票资产每年有定期的股息；债券也有定期的票面利率；现金资产往往存入银行也能收到一定的利息；房屋出租还能产生租金。而黄金资产在这一点上与这些金融资产有比较明显的区别，它不产生任何孳息。基于这种特殊的情况，我们提出了一个对黄金的全新定义：黄金是一个超国家主权信用的、永不到期的无息债券。我们认为实际利率会对黄金价格产生影响。第六章中的模型也是很多国际大型机构投资者在实际投资中所采用的模型。通过研究实际利率与黄金价格走势，发现实际利率预期较实际利率本身更能影响黄金的价格走势，我们用美国国债利率与通货膨胀率之差来测度实际利率，用通胀保护债券 TIPS 收益率来测度实际利率预期，并通过大样本实证得出实际利率预期对黄金价格有长期明显的驱动作用。

在第七章中，我们专门研究了金融危机期间的黄金定价模型，综合考虑黄金的大宗商品、货币和避险属性，且在金融危机期间黄金的大宗商品属性较弱，而货币属性和避险属性较强。我们提出黄金的三因素定价模型，在模型中将黄金价值分解为：商品基准价值、基于汇率的"隐性货币价值"、主权国家信用违约的风险溢价，并分别以大宗商品 CRB 指数、美元指数 USDX 和美国国债 CDS 利差作为代理变量对其进行定价研究。研究表明：美元指数 USDX 负向驱动黄金价格，大宗商品指数 CRB、美国国债指数 CDS 正向驱动黄金价格；其中美元指数 USDX 滞后一阶、美国国债 CDS 利差滞后二阶价格信息对黄金价格的影响非常显著。

在第八章中，我们系统地分析战争期间黄金价格表现。按照战争覆盖的范围和进程，我们系统地比较了黄金在不同类型战争和战争阶段的表现，以此反映战争对黄金定价的影响。研究表明：战争对于黄金价格的影响属于短期影响，黄金价格会在战争出现时表现出显著的上涨；但当战争结束后，黄金价格即出现回落；战争时间的持续时间长短并未对黄金价格有明显的影响，即使战争是持久战，但往往战争爆发3个月之后，黄金价格的走向就看不出规律，说明战争对于黄金价格的影响主要体现在其引发的短期恐慌情绪，战争进行时间长了，金融市场也趋向于麻木，不再对战争因素产生显著反应。

第三部分，本书集中讨论了国际货币体系中的黄金，包括第九至十一章。在第九章中，我们主要讨论国际货币体系中，黄金作为隐形最终货币的作用，分析了金融危机中黄金的特征，并进一步从具有设想性的角度对未来的黄金定价进行探讨。我们从国际货币体系改良和国际货币体系改革两条路径出发，对黄金地位的变化及未来黄金价格的可能走势进行了初步探讨。同时，我们也探讨了黄金与数字货币之间的关系，并着力探究了当前市场存在争议的数字货币对黄金构成挑战的问题。

在第十章中，我们系统地比较了黄金、日元、美元和瑞士法郎四种避险货币之间的属性，区分清楚了避险属性产生的原因、性质，进一步突出了黄金的避险属性和规避的风险类型。在负利率作为政策工具的情况下，我们进一步分析负利率影响下黄金的定价机制和表现。

在第十一章中，我们探讨了国家金融安全与黄金战略储备问题。由于黄金过去曾是国际货币体系的核心，尽管在过去的30年中其地位有所下降，但随着金融危机的爆发和逐渐演化，黄金战略储备得到了越来越多新兴经济体的重视。我们讨论了未来国际货币体系变革过程中黄金可能发挥的作用，以资货币政策制定者参考。

第十二章是研究总结和研究展望。我们对主要研究内容进行了总结，并对未来相关的研究路径进行了展望，期望有更多的学者能参与对黄金相关课题的研究与探讨。

1.6 本书的创新点

尽管近现代以来，学者们对黄金进行了许多有益的研究和探讨，探讨的范围非常广阔，不仅仅限于黄金市场、黄金价格、黄金衍生品等方面，甚至包括黄金与汇率、黄金与战争、黄金与国际贸易等，但继续对其进行深入探究仍然非常有必要。

首先，本书系统地介绍了黄金的多重属性、黄金市场和黄金投资产品的概况。其次，本书着重探讨了黄金的定价模型，提出了有针对性的四个模型。再次，本书还从国际货币体系的角度来认识黄金的隐形货币价值，梳理了黄金在国际货币体系变迁中的过去、现在与未来，并比较了不同避险资产的属性，系统地回答了负利率、数字货币等新情况对黄金构成的挑战。概括起来，我们的创新点如下：

（1）国内外学者从不同的思路出发对黄金市场收益、风险及黄金定价问题进行了有益的研究。但现有研究的普遍缺陷在于：大部分研究是从某一单一角度出发（如通货膨胀的影响，投资、投机需求的影响，汇率的影响等）去研究黄金的定价问题，它们较多地考虑其货币属性和大宗商品属性，而较少考虑其投资避险属性；同时，由于过去的研究较早，因此无法引入一些新的金融指标和资产价格来考虑黄金的定价模型，这些新的金融指标和资产价格能更有效地反映相关的宏观、市场因子对黄金价格的影响，如：大宗商品 CRB 指数能综合反映全球大宗商品走势，通胀保护债券 TIPS 收益率能有效测度实际利率预期，美国国债 CDS 利差能有效反映政府（现行货币体系）信用违约的概率；而我们引入这些新的金融指标和金融产品，构建了一个综合考虑黄金大宗商品、货币和投资避险属性的三因素定价模型，将黄金的价值分解为：大宗商品基准价值、基于汇率的"隐性货币价值"和主权国家信用违约的风险溢价，并分别以大宗商品 CRB 指数、美元指数和美国国债 CDS 利差等资产价格作为代理变量对其进行定价研究。

（2）我们提出了用美国国债利率与通货膨胀率的差来测度实际利率，用通胀保护债券 TIPS 收益率来测度实际利率预期，并研究了实际利率预期及实际利率对黄金价格的影响。得出结论：实际利率预期能够很显著地影响黄金价格走势；并且通过黄金价格可以反推隐含的实际利率预期。

（3）我们研究了宏观流动性的变化对黄金价格的影响，通过构造加权马歇尔 K 值，来测度宏观流动性，并研究了加权马歇尔 K 值变化和黄金价格走势的关系，得出：长期看来，宏观流动性对黄金价格有着显著影响。

（4）我们还尝试探讨了黄金在国际货币体系变迁中地位的变化，以及未来国际货币体系变革过程中黄金可能发挥的作用。文中将国际货币体系变革具体分为了两种可能性——一是国际货币体系的改良，二是国际货币体系的改革，并分别探讨了这两种情况下黄金地位的变化以及其价格可能出现的走势。

（5）我们系统地比较了黄金与日元、美元和瑞士法郎之间的避险属性，结果发现：低融资成本、价值稳定、本国外币资产头寸庞大、具有流动性良好的金融市场是避险资产形成的主要条件。除此之外，日元的避险属性主要是由套息交易产生的，它规避的风险是亚洲地区的市场风险。美元的避险属性主要是由美元本位币的地位所决定的，它规避的是新兴市场经济和金融风险。瑞士法郎的避险属性是由瑞士的中立国地位产生的，它规避的是全球战争风险。黄金的避险属性规避的是货币体系崩溃和战争风险。因此在各种避险资产中，风险定价的驱动力是不同的，投资者需要正确选择。

（6）我们发现数字货币并不能替代黄金。数字货币不依靠特定货币机构发行，它依据特定算法，通过大量的计算产生，使用整个 P2P 网络中众多节点构成的分布式数据库来确认并记录所有的交易行为，并使用密码学的设计来确保货币流通各个环节的安全性，也具备稀缺性的特征。但是数字货币波动性远高于现有资产，且市场深度和流动性低，供需关系不稳定，监管规则不够成熟，因此，数字货币应该归为风险资产，而不是黄金的替代品。

第二章
世界黄金市场概况

黄金市场是买卖双方集中进行黄金买卖的交易中心，提供即期和远期交易，允许交易商进行实物交易或者期权期货交易，以投机或套期保值，是各国完整的金融市场体系的重要组成部分。

2.1 黄金市场的构成

黄金市场的构成主要包括市场主体、交易客体、市场机制三个方面。

（1）黄金市场主体

黄金交易的主体是指黄金市场上的参与者，它由黄金的卖方、买方和中间商（经纪人）三部分构成。

作为黄金卖方出现的有：世界主要产金国的黄金生产企业、各国的中央银行及持有黄金的国际组织、做空的投机商、拥有黄金待售的个人或企业等。如：次贷危机期间，IMF 出售了其13%的黄金储备，约合403.3 吨黄金，以此支撑其财政并向低收入国家提供低息贷款。此次出售总量中超过一半的黄金被印度、毛里求斯、斯里兰卡和孟加拉国央行购买。又如：黄金生产企业、黄金饰品商和首饰行主要从事黄金生产与销售业务，成为黄金市场的主要卖方。

作为黄金买方出现的有：各国的中央银行或国际组织、为保值或投资的购买者、做多的投机商，以及需要黄金作为原料的工商企业等。如：次贷危机以后，很多国家意识到纸币体系的缺陷，出于调整外汇储备结构的需要，在国际市场上持续、大量购进黄金。储备多元化以及对安全、流动性资产的渴望，成为央行购买黄金的主要推动力。又如：近年来，国际上的黄金 ETF 基金尤其是美国的对冲基金活跃在国际金融市场的各个角落。在黄金市场上，几乎每次大的涨跌都与黄金 ETF 基金在即期黄金市场买入或抛售大量的黄金有关。一些规模庞大的对冲基金利用与各国政治、工商和金融界千丝万缕的联系往往较先捕捉到经济基本面的变化，利用管理的庞大资金进行买空和卖空从而加速黄金市场价格的变化而从中渔利。

而黄金的中间商（经纪人）也称经纪公司，是专门代理黄金交易，并收取佣金的经纪组织。他们本身并不拥有黄金，只是派场内代表在交易厅里为客户代理黄金买卖，收取客户的佣金。黄金市场上的交易活动，一般都通过黄金经纪人成交。最典型的黄金经纪人就是伦敦黄金市场上的五大黄金做市商：英国巴克莱银行、加拿大丰业银行、法国兴业银行、德意志银行和美国汇丰银行。这些做市商长期从事黄金等贵金属交易，与世界上各大金矿和黄金商有广泛的联系，而且其下属的各个公司又与许多商店和黄金顾客联系，因此，五大金商根据自身掌握的情况，不断报出黄金的买价和卖价，最后确定双方均能接受的价格，作为定盘价。伦敦市场最有名的黄金商是洛希尔银行，是伦敦黄金定盘价的主席，2004 年 4 月退出黄金定盘委员会。银行也参与经纪业务，国际金商（银行）为客户代行买卖和结算，本身并不参加黄金买卖，以苏黎世的三大银行为代表，他们充当生产者和投资者之间的经纪人，在市场上起到中介作用。当然很多银行同时自身也做自营黄金业务，直接参与国际黄金交易。

（2）黄金交易的客体

黄金交易的客体即黄金市场交易的品种，主要有黄金现货和黄金衍生品（黄金期货、远期、期权、黄金指数、黄金利率互换、纸黄金等）。

（3）黄金市场机制

国际黄金市场一般实行会员制，会员之间自主交易，非会员可以通过委托经纪人进行交易，黄金价格由市场供求关系决定。

为保证公平交易，减少风险，各交易市场都制定了诸如产品标准、仓储、运输、交割、保证金制度、涨跌停制度、保密与市场操守、反操纵等各项交易规则。

2.2　黄金市场的功能

黄金市场功能可简单概括为四个方面：交换功能、价格发现功能、规避风险功能、投资融资功能。

（1）交换功能

交换功能是黄金市场的基本功能，黄金市场是连接生产和消费的纽带，能把黄金供应和黄金需求结合成一个有机整体，为供需双方提供了一个便捷、安全、高效的场所，提高了交易效率，减少了中间环节和经济纠纷的产生。

（2）价格发现功能

黄金市场价格是黄金供求关系的集中体现。在市场经济条件下，价格是根据市场供求状况形成的。随着期货和期权等衍生品种的出现，交易合约的标准化，市场的不同参与者通过目前和未来市场供求状况的综合分析，判断出当前或此后某一时期的黄金价格，并根据市场反馈和不断变化的环境因素修正价格预期，从而调节产销关系，标准化合约的转让又增加了市场流动性，能真实地反映供求状况。企业从市场获取正确的价格信息，指导本企业未来的生产或调整投资结构，起到稳定供求的作用。

（3）规避风险功能

期货市场最突出的功能就是为生产经营者提供回避价格风险的手段。即生产经营者通过在期货市场上进行套期保值业务来回避现货交易中价格波动带来的风险，锁定生产经营成本，实现预期利润。也就是说期货市场弥补了现货市场的不足。

由于黄金商品生产的特殊性，一般从勘探到开采要花很长的时间，因此，使得金矿企业往往难以利用黄金现货市场来回避黄金价格波动的风险。通过不断的实践，金矿企业回避金价波动风险的方法，主要有黄金远期合同交易和黄金掉期交易两种。

（4）投资融资功能

黄金是与货币有着密切关系的特殊商品，具有很强的金融属性，因此黄金市场还具有投资融资功能。20世纪70年代以来（布雷顿森林体系解体以后），黄金市场的投融资功能被激活，并且得到了极大发展。黄金投资活动的扩大，促进了黄金市场衍生品的增加和黄金市场交易规模的扩大，黄金投资已成为当今黄金交易的最主要部分，黄金投资功能也是当今黄金市场的主要功能。

2.3 黄金市场的类型

随着货币制度的发展，黄金已逐渐丧失了交易媒介和价值衡量尺度的货币职能，但仍在国际贸易、国际间债权债务清算以及国际储备等方面保持着一定的货币特征，世界各地建立起了众多黄金市场。黄金市场的建立和发展一般需要具备以下条件：

（1）该国或地区需有发达的经济条件和完善的信用制度；

（2）同时也需要有健全的法制基础，稳定的政治和经济环境；

（3）良好的软硬件环境、交通发达、基础设施完善等。

同时，黄金市场可按以下几种方法进行分类：

（1）主导性市场和区域性市场

按照黄金市场所起的作用和规模划分为主导性市场和区域性市场。

主导性黄金市场是指国际性集中的黄金交易市场，其价格水平和交易量对其他市场都有很大影响。

最重要的主导性黄金市场有伦敦、纽约和中国香港。其中伦敦黄金交易市场是世界最大的黄金交易市场，其历史悠久、组织健全，伦敦又是世界上最重要的国际金融中心，长期控制着南非黄金市场的产销，在世界黄金的销售运转和分配等各个方面上均发挥核心作用，而且其一天两次的黄金定价一直是世界各地黄金市场价格的参照标准。该价格可以影响到纽约和中国香港黄金市场的交易。不少涉及黄金价格的合约，也常常声明以某日的伦敦定价为基准，甚至国际货币基金组织及美国财政部的黄金拍卖，投标者在下标时也以伦敦定价为依据。

设立在纽约期货交易所内的纽约黄金市场是世界上最大的黄金期货、期权交易市场。纽约黄金市场主要交易品种是黄金衍生品，如期货和期权交易，且交易资金巨大，是黄金投资的主要市场，是黄金远期价格发现的重要市场。

区域性黄金市场是指交易规模有限且集中在某地区，而且对其他市场影响不大的市场，主要满足本国本地区或邻近国家的工业企业、首饰商、投资者及一般购买者对黄金交易的需要，其辐射半径和影响力都相对有限。如上海、东京、迪拜黄金交易所等。

（2）现货交易市场和期货交易市场

按照交易类型和交易方式的不同可分为现货交易市场和期货交易市场。黄金现货交易基本上是即期交易，在成交后即交割或者在两天内交割。交易标的主要是金条、金锭和金币，珠宝首饰等也在其中。

黄金期货交易主要目的为套期保值，是现货交易的补充，成交后不立即交割而由交易双方先签订合同，交付押金，在预定的日期再进行交割。世界上有的黄金市场只有现货交易，有的只有期货交易，但大多数是既有期货又有现货交易。

（3）无形黄金市场和有形黄金市场

无形的黄金交易市场，主要指黄金交易没有专门的交易场所，如主要通过金商之间形成的联系网络形成的伦敦黄金市场；以银行为主买卖黄金的苏黎世黄金市场；以及香港本地的伦敦金无形市场。有形黄金市场主要指黄金交易是在某个固定的地方进行交易的市场，如香港金银业贸易场、新加坡黄金交易所等。

（4）自由交易和限制交易市场

按交易管制程度划分为自由交易市场和限制交易市场。自由交易市场是指黄金可以自由输出入，而且居民和非居民都可以自由买卖的黄金市场。

限制交易市场是指黄金输出入要受管制，只准非居民而不允许居民自由买卖黄金的市场，这主要指实行外汇管制国家的黄金市场，如英国在1979年10月撤销外汇管制前的伦敦市场。

2.4 国内外黄金市场

目前，全球的黄金市场主要分布在欧洲、亚洲、北美洲三个区域。欧洲以伦敦、苏黎世黄金市场为代表；亚洲主要以中国内地和香港市场为代表；北美主要以纽约、芝加哥市场为代表。全球黄金市场，通过盘中和盘后的电子盘交易，已经形成了一个全天不间断的黄金交易，如图 2-1 所示。

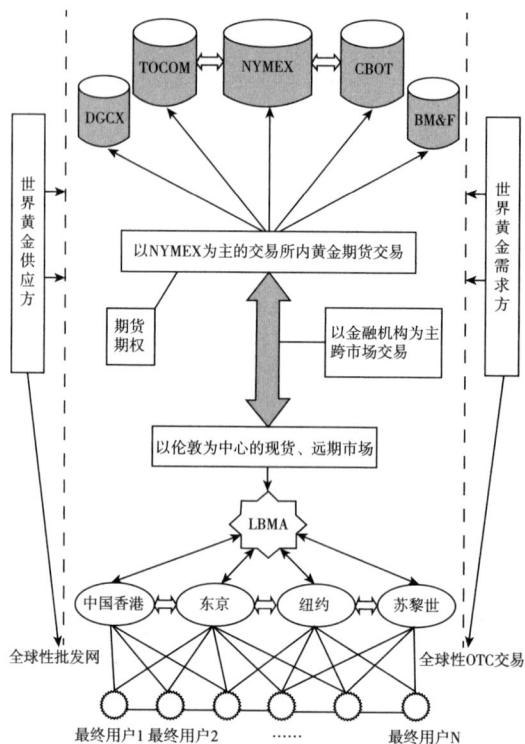

图 2 - 1　世界黄金市场结构

2.4.1　国际黄金市场

（1）伦敦黄金市场

伦敦黄金市场历史悠久，其发展历史可追溯到 300 多年前。目前，伦敦是世界上最大的黄金市场。伦敦黄金市场的特点之一是，没有实际的交易场所，其交易是通过无形方式——各大金商的销售联络网完成。

交易会员由具权威性的五大金商及一些公认为有资格向五大金商购买黄金的公司或商店所组成，然后再由各个加工制造商、中小商店和公司等连锁组成。交易时由金商根据各自的买盘和卖盘，报出买价和卖价。

伦敦黄金市场交易的另一特点是灵活性很强。黄金的纯度、重量等都可以选择，若客户要求在较远的地区交易，黄金商也会报出运费及保费等，也可按客户要求报出期货价格。最通行的买卖伦敦金的方式是客户可无须现金交收，即可买入黄金现货，到期只需按约定利率支付利息即可，但此时客户不能获取实物黄金。这种黄金买卖方式，只是在会计账上进行数字游戏，直到客户进行了相反的操作平仓为止。

（2）美国黄金市场

纽约和芝加哥黄金市场是 20 世纪 70 年代中期发展起来的，主要原因是布雷顿森林体系解体以后美元贬值，美国的投资者（主要是以法人团体为主）为了套期保值和投资增值获利，使得黄金期货迅速发展起来。目前纽约商品交易所（COMEX）和芝加哥商品交易所（CME）是世界上最大的黄金期货交易中心。两大交易所对黄金现货市场的金价影响很大。

（3）苏黎世黄金市场

苏黎世黄金市场，是第二次世界大战后发展起来的国际黄金市场。由于瑞士特殊的银行体系和辅助性的黄金交易服务体系，为黄金买卖提供了一个既自由又保密的环境，加上瑞士与南非也有优惠协议，获得了 80% 的南非金，以及苏联的黄金也聚集于此，使得瑞士不仅是世界上新增黄金的最大中转站，也是世界上最大的私人黄金的存储中心。苏黎世黄金市场在国际黄金市场上的地位仅次于伦敦。

（4）中国香港黄金市场

中国香港黄金市场已有 90 多年的历史。目前，香港黄金市场由三个市场组成：①香港金银业贸易场，以华人资金商占优势，有固定买卖场所，主要交易的黄金规格为 5 个西格玛的 99 标准金条，交易方式是公开喊价，现货交易；②香港伦敦金市场，以国外资金商为主体，没有固定交易场所；③香港黄金期货市场，是一个正规的市场，其性质与美国的纽约和芝加哥的商品期货交易所的黄金期货性质是一样的，交投方式正规，制度也比较健全，可弥补金银贸易场的不足。

2.4.2 中国黄金市场

中国黄金市场形成机制经历了单一的国家计划控制、双轨制和与国际接轨三个阶段的演化。

在单一的国家计划控制阶段，我国实行对黄金产业统购统配的管理体制。这一阶段的黄金价格仅仅用于会计结算，不能起到调节市场的作用，黄金调拨完全取决于国家的计划。

从20世纪80年代初期到1993年是双轨制阶段。在这一阶段黄金的官方收购价格与市场交易价格可分离。但是自1986年开始，受改革开放以来我国第一次信用膨胀效应的影响，黄金饰品市场处于卖方市场。1992年初至1993年11月，黄金饰品市场供需矛盾空前激烈，非法的民营黄金交易市场出现，境外大量走私黄金进入国内市场，直接影响国家黄金收购任务的完成。

中国黄金市场开始与国际接轨是2001年6月，中国人民银行宣布中国的黄金交易从过去的审批制转为核准制，国家不再收购黄金，而是让这些黄金直接进入市场，让黄金的生产企业与用金企业都进入交易所，参照国际黄金交易价格进行直接买卖。2002年10月30日，上海黄金交易所正式开业运营。彼时，我国黄金的交易方式采用黄金会员自由报价，遵循"价格优先，时间优先"的原则，由交易所撮合成交。会员还可以派交易员通过挂牌或网络进行黄金交易。

目前，我国的黄金市场仍是以现货交易为主，其主要功能是为黄金生产加工企业服务，提供市场供求信息，沟通产需，促进黄金商品的流通，一定程度上起到了利用市场机制配置黄金资源的作用。

在世界黄金协会的帮助下，我国已逐步放松了对黄金市场的管制：需求方面，个人拥有黄金产品的限制（包括首饰和投资产品）已被解除，国内外公司可以自由进入黄金首饰业，只要不是进口黄金，公司不需要许可证就可以进行黄金首饰的生产、批发、零售；供给方面，应世贸成员国的要求，对黄金进口的管制也有所放松，但金条进口限于中国人民银行批准的国内大型商业银行。目前，主要的交易所市场包括上海黄金交易所、上海期货交易所以及商业银行体系。

（1）上海黄金交易所

上海黄金交易所是经国务院批准，由中国人民银行组建，于2002年10月30日正式开业。

交易所实行会员制组织形式，会员由在中华人民共和国境内注册登记，从事黄金业务的金融机构、从事黄金、白银、铂等贵金属及其制品的生产、冶炼、加工、批发、进出口贸易的企业法人，并具有良好资信的单位组成。现有会员162家，分散在全国26个省、市、自治区。上海黄金交易所是全球最大黄金现货交易所。

标准黄金、铂金交易通过交易所的集中竞价方式进行，实行价格优先、时间优先撮合成交。非标准品种通过询价等方式进行，实行自主报价、协商成交。会员可自行选择通过现场或远程方式进行交易。

交易所主要实行标准化撮合交易方式。交易所的商品有黄金、白银和铂金。黄金有 Au99.95、Au99.99、Au50g、Au100g 四个现货实盘交易品种，和 Au（T+5）与 Au（T+D）两个延期交易品种及 Au（T+N1）、Au（T+N2）两个中远期交易品种；白银有 Ag99.9、Ag99.99 现货实盘交易品种和 Ag（T+D）现货保证金交易品种；铂金有 Pt99.95 现货实盘交易品种。

中国银行、中国农业银行、中国工商银行、中国建设银行、平安银行、兴业银行和华夏银行等作为交易所指定的清算银行，实行集中、直接、净额的资金清算原则。交易所实物交割实行"一户一码制"的交割原则，在全国37个城市设立55家指定仓库，金锭和金条由交易所统一调运配送。

上海黄金交易所的建立，与货币市场、证券市场、外汇市场等一起构筑我国完整的金融市场体系。

（2）上海期货交易所

上海期货交易所（以下简称上期所）是受中国证券监督管理委员会（以下简称证监会）集中统一监管的期货交易所，宗旨是服务实体经济。根据公开、公平、公正和诚实信用的原则，上期所组织经证监会批准的期货交易，目前已上市铜、铝、锌、铅、镍、锡、黄金、白银、螺纹钢、线材、热轧卷板、原油、燃料油、石油沥青、天然橡胶、纸浆、20 号胶、不锈钢18 个期货品种以及铜、天然橡胶、黄金 3 个期权合约。根据《上海期货交易所章程》，会员大会是上期所的权力机构，由全体会员组成。理事会是会员大会的常设机构，监事会是上期所的监督机构，对会员大会负责。

黄金、白银期货促进了贵金属市场体系的健康发展，丰富了期货市场的参与结构和功能作用。黄金（AU）期货合约每手为 1 千克，报价单位为元（人民币）/克，最小变动价位为 0.02 元/克，涨跌停板幅度为上一交易日结算价的 ±5%；交易时间为上午 9：00～11：30，下午 1：30～3：00 和交易所规定的其他交易时间（夜盘 21：00～2：30）；合约月份为最近三个连续月份的合约以及最近 13 个月以内的双月合约；最后交易日为合约月份的 15 日（遇国家法定节假日顺延，春节月份等最后交易日交易所可另行调整并通知）；交割日期为最后交易日后连续 5 个工作日，交割品级为金含量不小于 99.95% 的国产金锭及经交易所认可的伦敦金银市场协会（LBMA）认定的合格供货商或精炼厂生产的标准金锭，交割单位为 3000 克，交割手续费为 0.06 元（人民币）/克。

（3）银行体系中的黄金交易市场

银行的黄金投资产品主要分为两类：一类是实物黄金买卖；另一类是账户金交易。

实物黄金买卖主要包括如下三类：（1）自主品牌实物贵金属。也叫自营品牌实物贵金属，是指由商业银行自行设计，冠以自身品牌，一般通过向国外商业银行借金，委托国内指定的黄金加工企业加工的黄金产品。如工商银行的"如意金"、农业银行的"传世之宝"、中国银行的"吉祥金"、建设银行的"建行金"和民生银行的"民生金"等。(2)代销其他品牌实物贵金属。即商业银行与供货商签订合作协议后,将供货商提供的黄金实物产品运至下属网点销售,商业银行从中收取销售手续费的模式,为"先销售,后结算"的销售方式。(3)贵金属积存业务。类似基金定投,是指商业银行客户在商业银行开立贵金属积存账户,按商业银行标的贵金属产品的固定重量或固定金额进行积存,客户可以选择赎回获得货币资金或按商业银行相应贵金属产品的实有规格提取黄金实物。

账户金交易业务主要包括如下三类。(1)代理上海黄金交易所授权的部分业务,包括商业银行代理上海黄金交易所实物黄金交易和代理实物黄金递延交易。(2)账户贵金属,也称"纸黄金"或"纸白银",是指投资者根据商业银行以人民币或美元报价的账户金银价格,买入或卖出相应账户黄金份额,获得金银波动收益的一种投资方式。(3)贵金属寄售,是指在中国人民银行的授权下,商业银行接受境外银行实物黄金寄存并售出的委托,通过上海黄金交易所进行实物黄金卖出的交易活动。目前,仅工商银行、农业银行、中国银行、建设银行、上海银行、兴业银行、平安银行和光大银行等商业银行获得黄金进出口代理业务资格。

第三章
黄金投资与黄金产品概况

全球黄金资源量分布非常广泛，遍布六大洲，主要集中于地处美洲、大洋洲及非洲的南非、俄罗斯、中国、澳大利亚、印度尼西亚、美国等十几个国家。据美国地质调查局统计数据，截至 2018 年底，全球黄金储量共有 5.4 万吨，我国黄金查明资源储量在全球黄金储量排名中排第 8 位。但随着全球黄金资源多年来的不断开采，目前全球黄金矿山的新增数量有所减少，生产成本逐渐增加。近年来，因受避险需求及金价本身的潜力等因素影响，黄金投资需求旺盛，已经超过黄金的大宗商品生产、使用规模，而成为黄金的最主要需求，加之各国央行储备黄金的意愿也在不断增强。在这一背景下，黄金投资的各种类型产品也是不断丰富。

3.1 黄金投资产品概述

（1）黄金实物产品

黄金实物产品包括商业渠道流通的投资金条、纪念金条、金币、金饰等黄金制品的交易。实物黄金是传统的投资保值工具，深得投资者的喜爱。

（2）现货保证金交易

现货保证金交易是基于上海黄金交易所黄金延期产品的交易，带有准期货性质，主要交易品种有标准的 Au（T＋D）和单月交收的 Au（T＋N1）、Au（T＋N2）。现货保证金交易因其较低的保证金（一般为 10%）、较灵活的交易方式（可做空，可做多）、较长的交易时段（9：00～2：30）赢得了广大投资者的广泛参与。

（3）银行纸黄金理财项目

纸黄金是指投资者按银行报价在账面上买卖"虚拟"黄金，以获取差价的一种投资产品和投资方式。如中国银行的"黄金宝"、工行的"金行家"、建行的"龙鼎金"即属纸黄金范畴。

（4）黄金期货和期权交易

黄金期货是在交易所交易的标准合约，约定在未来特定时间交收特定标准的黄金。黄金期货是世界黄金交易的主要品种，主要适用于黄金企业的套期保值和期货投资者的风险博弈。

期权又叫期货的期货，是标准期货合约的衍生。买方向卖方支付一定数量资金（权利金）后，拥有的在未来一段时间内或未来某一特定日期，以事先规定好的价格向期权卖方购买或出售一定数量黄金的权利的投资工具。

上海期货交易所是目前国内主要黄金期货交易场所，国际上著名的黄金期货交易所有美国的 COMEX、日本的 TOCOM 等交易所。

（5）黄金远期

黄金远期是场外黄金交易合约，买卖双方根据需要约定而签订的合约，各远期合约的内容在黄金成色等级、交割规则等方面都不相同，更多体现出买卖双方对实金需求的个性化。

（6）黄金借贷或黄金租赁

黄金借贷（租赁）也叫借金还金业务，是指用金商通过黄金租借实现融资，到期支付黄金和租借利率。

黄金借贷主要目的有两个方面，一是为了满足金矿企业资金周转的需求，二是为了满足企业套期保值的需求。黄金借贷的借方一般是用金单位或产金单位；而中央银行由于持有大量黄金储备，成为黄金借贷的贷方。

中国这项业务始于 2002 年，最早是上海浦东银行向老凤祥租赁 19.1 公斤，借期 1 年。近年最大的一笔是 2006 年建设银行向山东贺利氏借贷 1 吨黄金，农业银行和其他商业银行也在开拓这项业务。

（7）黄金 ETF

黄金 ETF（Exchange Traded Fund）也称交易所基金，是证券化的黄金投资模式，黄金 ETF 以黄金实时价格为定价基础，每股为 1/10 盎司，投资门槛低，交易灵活，在海外一推出即获得市场的认可。

（8）黄金信托

黄金信托一般由信托公司发行，指委托人基于对受托人的信任，将其资金委托给受托人，由受托人按约定将集合资金投资于黄金类产品的金融投资工具和投资方式。

3.2　境外黄金产品

在本节中主要介绍在境外常有的黄金 ETF、黄金债券等品种，国内外都有的常规产品在 3.3 节里详细介绍。

（1）黄金 ETF

ETF 是 Exchange Traded Fund 的英文缩写，中文翻译为交易所交易基金。ETF 产品最初起源于证券投资市场，它综合了封闭式基金和开放式基金的优点，投资者既可以向基金管理公司申购或赎回基金份额，同时，又可以像封闭式基金一样在证券市场上按市场价格买卖 ETF 份额。不过，申购及赎回都须以一篮子股票换取基金份额或者以基金份额换回一篮子股票。由于同时存在证券市场交易和申购赎回机制，投资者可以在 ETF 市场价格与基金单位净值之间存在差价时进行套利交易，以维持两者的无套利均衡。

黄金 ETF 是一种以黄金为基础资产，追踪现货黄金价格波动且在证券市场公开上市交易的金融衍生产品。其运行原理为：由大型黄金生产商向基金公司寄售实物黄金，随后由基金公司以此实物黄金为依托，在交易所内公开发行基金份额，销售给各类投资者，商业银行分别担任基金托管行和实物保管行，投资者在基金存续期间内可以自由赎回。

黄金 ETF 运作机制与股票 ETF 总体上类似，除实物黄金在交易、保管、交割、估值等方面有一定差异外，黄金 ETF 与股票 ETF 的区别主要在于标的指数从股票价格指数变为单一商品价格，成分股从一篮子股票组合变为单一实物商品。

2003 年，全球首个黄金 ETF 诞生：黄金 ETF—Gold Bullion Securities（由世界黄金委员会首先发起，汇丰银行美国分行担当黄金保管人）在澳大利亚证券交易所上市。2004 年底 SPDR Gold Trust（以下简称 GLD）在纽约证券交易所上市交易，拉开了黄金 ETF 快速发展的序幕。世界主要金融市场如纽约、伦敦、巴黎、东京、香港等，均已推出了黄金 ETF。

截至 2019 年底，各类黄金 ETF 产品数量超过 240 只，持仓规模接近 2900 吨黄金。目前世界上规模最大、流动性最强的实物黄金 ETF 是 SPDR Gold Trust，不仅它的实物黄金持有量世界第一，持有黄金超千吨，同时还由于其紧密跟踪国际金价、交易量大，而被认为是对黄金价格最具影响力的黄金 ETF。

黄金 ETF 自面世以来获得的市场认可，其主要原因为：

第一，交易门槛低。黄金 ETF 一般以 1/10 盎司（3.11035 克）作为一份基金单位，每份基金单位的净资产价格就是 1/10 盎司现货黄金价格减去应计的管理费用。

第二，安全可靠。基金代表的份额有相应的实金依托，且实金由商业银行保管，在受到严格监管的交易所内交易。

第三，交易便捷，流动性高。黄金 ETF 在证券交易所上市，投资者可像买卖股票一样方便地交易黄金 ETF。

第四，透明度高。在交易所上市，价格公开透明；且通过 ETF 方式，最大限度地体现了资产的市场价值。

第五，交易费用低廉。投资者购买黄金 ETF 可免去黄金的保管费、储藏费和保险费等费用，只需交纳通常为 0.3% ~ 0.4% 的管理费，相较于其他黄金投资渠道平均 2% ~ 3% 的费用，优势十分突出。

世界黄金协会最新发布的《黄金需求趋势报告》显示，尽管 2019 年全球黄金需求降至 4355.7 吨，较 2018 年下降 1%；但黄金 ETF 流入量逆势而上，全球黄金 ETF 持有量达到创纪录水平，年度总量共计 2885.5 吨。2019 年全球黄金 ETF 持有量同比增长 401.1 吨，其中第四季度增加了 26.8 吨。由于美元黄金价格上涨至六年来的最高水平，黄金 ETF 流入量随之集中在 2019 年第三季度。宽松的货币政策、全球地缘政治的不确定性以及趋势投资者的买入是推动 2019 年黄金 ETF 流入的主要因素。

（2）黄金债券系列

黄金债券是指有条款规定必须以一定重量和成色的金币付款的债券。由金矿公司所发行的债券，以一定量及成色的黄金作为发行担保，所支付的利息也和金价有正向关联。

20 世纪 80 年代以来，西方国家的政府和企业发行了黄金债券。美国的精炼国际公司发行期限从 1981—1996 年的黄金指数化债券，年利率 3.5%，一张债券价格为 10 盎司黄金，年利息为 0.35 盎司黄金。加拿大的莱克·米尼埃勒斯有限公司发行了期限从 1984—1989 年的黄金债券，年利率为 8%，并附有权益证。债券的持有者持一张权益证可以从该公司以 1 盎司 = 230 美元的价格买入 0.5 金衡盎司。法国政府发行了两种黄金债券：一种叫比尼，期限从 1973—1999 年，年利率 4.5%；另一种叫吉斯卡德，期限从 1973—1988 年，年利率 7%。比尼债券相对名为拿破仑的法国金市指数化，吉斯卡德相对巴黎黄金市场的金价指数化。一张吉斯卡德的含金量是 95.3 克，年利息是 6.67 克。

3.3 国内黄金产品

近十年，中国内地黄金消费量占全球黄金消费量的 27%，为全球最大的黄金消费市场（其次为印度市场，消费量占比为 23%）。2019 年上半年，全球黄金消费量（仅统计黄金首饰及金条金币）为 1538.8 吨，其中，中国内地黄金消费量为 442.1 吨，占全球黄金消费量的 28.7%。国内的黄金投资产品也非常丰富。

（1）实物黄金

实物黄金通常包括商业渠道流通的投资金条、金币，黄金饰品等制成品。

投资金条、金币：指黄金投资者以略高于金币黄金含量价值以上的价格来进行买卖的黄金实物投资品。金条、金币价格出售价格基本固定，但包含了较高的溢价，通常相对于国际金原料溢价 10% 以上（增值税等），一般纪念性金条、金币发行价格 = 成本 + 10% 的增值税 + 5% 的消费税 + 利润。这类金条、金币的流通性较差。普通金商只把它们当作金原料来进行回购，扣除相关的费用后，回购价格通常低于当时的金原料价格，一般投资者很难实现投资收益。对于大多投资者而言，投资实物黄金的首选应该是投资性金条、金币，它们相对国际金原料溢价较低，且价格随同国际金价随时变动。但是，不同金商发行的投资性金条其交易成本、流动性也存在不小差距，特别在我国尚显混沌的黄金市场更是如此。同一品种的投资性金条，有的每克来回交易成本三五元，有的高达十几元。

其投资渠道主要包括场内交易、场外交易、银行投资性金条三种：

一是场内交易，如上海黄金交易所的会员交易，即黄金生产企业、黄金饰品企业、黄金经纪商、黄金代理商、商业银行和机构投资者进行的实物金交易。

二是场外交易，主要是一些中小企业和个人投资者在商业银行、金行、珠宝行、金银首饰店进行的金条交易。目前我国的个人黄金投资者主要是在场外进行交易。购买金条最好选择回购有保证而且价差不大的金条。

三是银行投资性金条，银行目前销售的投资性金条主要有自主品牌金条和代理销售金条两种。在自主品牌金条方面，有工行的"如意金"、农行的"传世之宝"、建行的"建行金"和中行的"龙凤金"等。这些产品的特点是成本较高，因此不利于短期炒作，适合中长期投资。

而黄金饰品指含有黄金成分的装饰品，如黄金首饰、金杯、奖牌等。我国黄金饰品的购买渠道主要有三个：专业的黄金卖场、珠宝店以及典当行。黄金市场如菜百、国华商场、太阳金店等；珠宝店（金店柜台）如老凤祥黄金、老庙黄金、中国黄金、周大生等，珠宝店黄金首饰由于款式新颖，价格高于黄金市场；典当行一般是采用促销的形式卖出黄金饰品，有全新的也有二手的。此外，还有一些新型交易方式，如网店购买、民间交易等。

黄金饰品的主要成本在于两方面，其一是饰品存在工艺费加成，属于投资黄金以外的成本；其二是由于饰品为实物，磨损、腐蚀等产生的金消耗较大。这类商品往往适合于希望长期保值的投资者。黄金在中国被赋予了特殊的含义，凡结婚嫁娶，生子迁房等大喜之事，都喜欢拿黄金饰品来做馈赠之礼；但其投资的流通性差，无法快速转让，运输、存储、保管不便。黄金饰品容易磨损，折旧风险高，较高的折旧率也影响了投资收益率。

（2）纸黄金

纸黄金，又称为记账黄金交易，是投资人在银行开立黄金账户，并对账户中的份额进行买卖的一种金融投资产品。客户的黄金份额在账户中记录，而不提取实物黄金，客户只需把握市场走势通过低买高卖就能赚取差价。大部分银行都有开通这项业务。由于不涉及实金的交收，交易成本可以更低，纸黄金投资门槛较低，一般为 1～10 克不等，适合喜欢稳健收益、对金价走势有一定判断能力的中小投资者。

银行的纸黄金业务提供美元和人民币两个币种的交易。投资者开设这些纸黄金业务，银行均不收取开户费，直接到银行柜台开通账户功能，就可以通过网上银行、电话银行等渠道进行交易。由于纸黄金无须进行实物交割，省去储藏/运输/鉴别等费用，交易成本低廉，一般就是收点差，比较适合短线交易。以建设银行纸黄金交易为例，Au9999 双边点差是 1.1 元/克，意味着每 1 克黄金的买卖交易成本是 1.1 元。

（3）黄金 ETF

国内目前的 ETF 市场还较小，但未来增长可期。2008 年 7 月 31 日，中国首只黄金 ETF 基金在港交所上市。中国证监会于 2013 年 1 月 25 日发布《黄金交易型开放式证券投资基金暂行规定》，该规定对国内黄金 ETF 的定义、投资对象、运作机制作了较明确的论述。我国目前有 7 只黄金 ETF 基金，分别是易方达黄金 ETF（159934）、博时黄金 ETF（159937）、国泰黄金 ETF（518800）、华安黄金易 ETF（518880）、工银瑞信黄金 ETF 基金（518660）、前海开源黄金 ETF 基金（159812）和华夏黄金 ETF（518853）。按相关规定，国内黄金 ETF 持有上海黄金交易所的黄金现货合约的价值不得低于基金资产的 90%。

从实物持仓的规模来看，国内黄金 ETF 的规模还很小，根据 Wind（金融数据和分析工具服务商）数据，截至 2018 年底，国内黄金 ETF 总份额为 45.59 亿份，按照 100 份为 1 克单位计算，总持仓也才 45.59 吨，不足 SPDR Gold Trust 实物持仓量的 6%，如此规模的持仓量对国际黄金市场的价格影响有限。

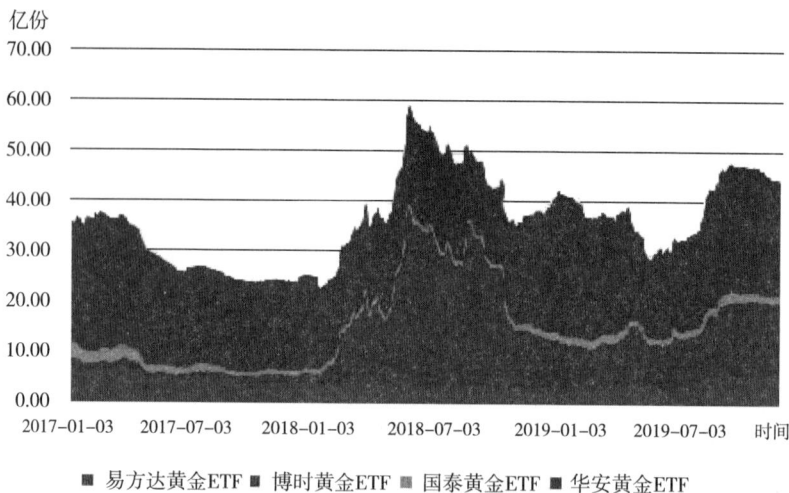

图 3-1　国内黄金 ETF 持仓量情况

国内黄金 ETF 认购途径和规则，主要包括现金认购、网下现货黄金合约认购和二级市场交易三种。

第一，现金认购分为网上现金认购和网下现金认购。其中，网上现金认购通过具有基金销售业务资格及交易所会员资格的证券公司办理；网下现金认购通过基金管理人或基金管理人指定的发售代理机构办理。

第二，网下黄金现货合约认购。以各黄金现货合约数量申报，可用于认购的黄金现货合约为 Au99.99 合约和 Au99.95 合约。每笔认购所提交的黄金现货实盘合约对应的黄金现货重量须为该合约最小交易单位的整数倍。可以多次提交认购申请，累计申报数量不设上限。

第三，二级市场交易与股票和封闭式基金的二级市场交易相同，基金份额是在投资者之间买卖的，投资者通过买卖价差获取收益。

黄金 ETF 交易费用包括交易佣金、买卖差价和管理费三部分，投资者购买黄金 ETF 可免去黄金的保管费、储藏费和保险费等费用，只需要支付 0.5% 左右的管理费和 0.03% 的交易费用。投资者在申购或赎回基金份额时，申赎代理机构可按照不超过 0.5% 的标准收取佣金，具体规定可参见申赎代理机构、证券交易所、登记结算机构相关规定。目前国内黄金 ETF 没有做空机制，仅可以单向做多黄金，不存在杠杆设置，全额交易，无保证金。

（4）黄金信托

近年来，我国黄金信托产品也得到了快速发展。例如，中金资产于 2008 年 7 月成功发行了第一只黄金信托产品——国金 1 号。该黄金信托的基本内容如下：

信托名称："国投信托·中金资产·国金 1 号"黄金投资集合资金信托计划。

信托投资范围：投资于上海黄金交易所的黄金产品。

信托的规模：信托计划成立时，信托单位总份数不低于 2000 万份；信托计划成立后，信托单位总份数因投资者的申购与赎回而变化，但最低不低于 1000 万份，否则信托计划提前终止。

信托期限：自信托成立之日起 3 年，按照信托文件规定可以提前终止或延期。

委托人资格：符合信托文件规定条件的合格投资者。

信托单位认购价格：面值 1 元，认购价格 1 元。

信托计划开放日/开放日（T 日）：指受托人按照信托文件规定办理信托单位申购或赎回的日期。包括信托计划申购开放日和信托计划赎回开放日。若该日为非工作日的，则自动延续到其后第一个工作日。

信托单位的申购与赎回：投资者可以按照申购/赎回开放日的信托单位净值办理信托单位申购和赎回。

受托人：国投信托有限公司。

投资顾问：中国黄金集团资产管理有限公司。

保管人：中国工商银行股份有限公司上海市分行。

推介机构：国投信托有限公司。

（5）黄金期货

2008年1月，经中国证监会批准上海期货交易所正式推出黄金期货。该黄金期货合约的基本内容和规定如表3-1所示。

表3-1　上海期货交易所黄金期货标准合约

交易品种	黄金
交易单位	1000克/手
报价单位	元（人民币）/克
最小变动价位	0.02元/克
每日价格最大波动限制	不超过上一个交易日结算价±5%
合约交割月份	1～12月
最后交易日	合约交割月份的15日（遇法定假日顺延）
交割日期	最后交易日后连续五个工作日
交割品级	金含量不小于99.95%的国产金锭及经交易所认可的伦敦金银市场协会（LBMA）认定的合格供货商或精炼厂生产的标准金锭
交割地点	交易所指定交割金库
最低交易保证金	合约价值的6%
交割方式	实物交割
交易代码	AU
上市交易所	上海期货交易所

（6）黄金T+D

黄金T+D是指由上海黄金交易所统一制定的、规定在将来某一特定的时间和地点交割一定数量标的物的标准化合约。T+D里的T是Trade（交易）的首字母，D是Delay（延期）的首字母。这种买卖是由转移价格波动风险的生产经营者和承受价格风险而获利的风险投资者参加的，在交易所内依法公平竞争而进行的，并且有保证金制度为保障。这一点类似于黄金期货。

保证金制度的一个显著特征是用较少的钱做较大的买卖，保证金一般为合约值的6%～9%，与股票投资相比较，投资者在黄金T+D市场上投资资金比其他投资要小得多，俗称"以小博大"。黄金 T + D 的特点是以保证金方式进行买卖，交易者可以选择当日交割，也可以无限期的延期交割。黄金 T + D 的投资者不能在当前价格立即建仓，而是需要先设立一个价格和数量，然后等到市场发现完全吻合的交易对手才能建仓。目前，黄金 T + D 交易的市场区域仅限国内，成交量及活跃度不及国际市场。

投资者可以通过上海黄金交易所的会员单位，或黄金 T + D 代理银行（包括中国工商银行、中国农业银行、中国银行、中国建设银行、平安银行、上海银行、华夏银行、兴业银行、招商银行、上海浦东发展银行、交通银行、中国光大银行、广东发展银行、中信银行、中国邮政储蓄银行、北京银行、中国民生银行、上海农商银行等）开户交易。

（7）黄金租赁

黄金租赁是指交易一方（租赁方）向银行或者其他黄金持有人租借黄金，并获得租赁期间的黄金处置权，到期租赁方归还同种黄金并以黄金或者等额资金支付黄金租赁利息的融资形式。

适宜客户：上海黄金交易所的会员或客户。

产品优势：随时归还，客户可以根据自身情况随时归还黄金，终止黄金租赁合同，但银行有权适当调节黄金租赁利率以弥补更改交易造成的损失；适用于用金企业所需黄金的融通，以及产金企业用于保值目的的提前销售。

产品功能：短期黄金生产面临波动，企业将短期内要生产的黄金提前销售；借入黄金，通过销售获得资金，用于经营和投资，用未来的黄金产量做归还；看空黄金市场，借入黄金卖空黄金价格，待市场回调后，再补回。目前各大商业银行均开展了黄金借贷项目。

（8）黄金钱包与微黄金等新型产品

①黄金钱包：黄金钱包是北京盈衍网络科技有限公司开发并运营的互联网实物黄金投资、消费平台，用户可以线上或 App 实现黄金买入、卖出、

提取等服务。黄金钱包中产品对标上海黄金交易所 Au99.99 现货黄金，并能够实时对黄金价格进行追踪。交易时间为每周一至周五 9：00 至次日 2：30，由于近期全球黄金市场出现点差极高，以及时常中断交易的情况，因此交易时间调整为周一至周五 9：00 ~ 15：30、20：00 至次日 2：30。对于普通投资者来说，黄金钱包不仅可以投资黄金，还可以实现存金生息。用户购买黄金时，最低 1 克起购，买入时无须手续费；卖出时手续费为交易金额的 0.3%；提金手续费根据黄金重量 6.5 ~ 24.5 元/克不等。

②微黄金：即腾讯微黄金，是以工行的黄金产品为基础，提供在线黄金交易服务的平台。在上海金交所交易时间内，主要追踪金交所现货黄金价格，金交所交易时间以外，微黄金产品价格以金交所上一时段收盘价为基础，并参考国内金价的波动情况，形成微黄金独立报价体系。该产品仅能单项做多，无杠杆交易。

其买入和卖出时间为周一至周五 9：40 ~ 22：20（法定节假日除外）。0.1 克起买，单笔最多买入 10 万元，买入无手续费；卖出 0.001 克起，收取千分之五手续费，单笔最多能卖出 20 万元。

3.4　黄金资产 2019 年的价格走势

2019 年，国际黄金价格从年初的 1279 美元/盎司上涨至年底的 1520 美元/盎司，涨幅达到 18.8%，是自金价 2015 年见底以来涨幅最好的年份，堪称"黄金之年"。贸易谈判局势的不确定性、多国央行回归宽松货币政策、地缘政治风险不时显现……一系列利多的因素不断激发市场，推动黄金价格上演了多年不遇的凌厉涨势。

回顾 2019 年的行情，主要有三个阶段：

第一阶段时间是 1 月至 5 月，此阶段黄金价格维持在 1250 ~ 1350 美元/盎司波动，属于几个月的蛰伏期。

第二阶段时间是 6 月至 9 月，中美贸易谈判形势急转直下，全球经济增长不确定性增加，各国央行开始调整货币政策，作为风向标的美联储 2019 年 8 月 1 日实施了近十年的首次降息。在全球范围内，2019 年以来，超过 20 个国家降息。黄金价格在这一阶段出现了三次上涨。第一次从 1274 美元/盎司开始启动一鼓作气把价格上涨至 1447 美元/盎司，涨幅为 173 美元；第二次价格从 1447 美元/盎司上涨至 1523 美元/盎司，涨幅为 76 美元；第三次从 1523 美元/盎司上涨至 1557 美元/盎司，涨幅为 34 美元。黄金 3 个月上涨 283 美元，实属少见。

第三阶段时间是 9 月至 12 月，这一阶段全球贸易紧张局势得到缓和，全球经济在开始好转，主要发达经济体制造业逐步回暖，黄金价格开始出现平稳波动。

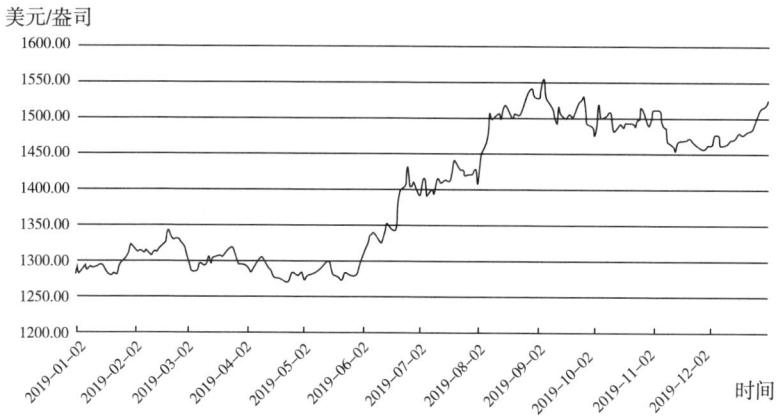

图 3 - 2　2019 年黄金价格走势

(资料来源：华安基金)

从黄金市场的供给情况来看，近年来黄金总供应量相对平稳，金矿产量增速有所放缓。黄金供给主要由金矿产量、再生金及生产商交易黄金三方面构成，其中 2/3 以上来自金矿产量，近年来金矿产量基本维持在 3300 吨，但呈现出增速逐渐放缓趋势。截至 2019 年前三季度，金矿产量为 2583.4 吨，同比小幅增长 0.45%；再生金产量为 963.1 吨，同比增长 8.5%。

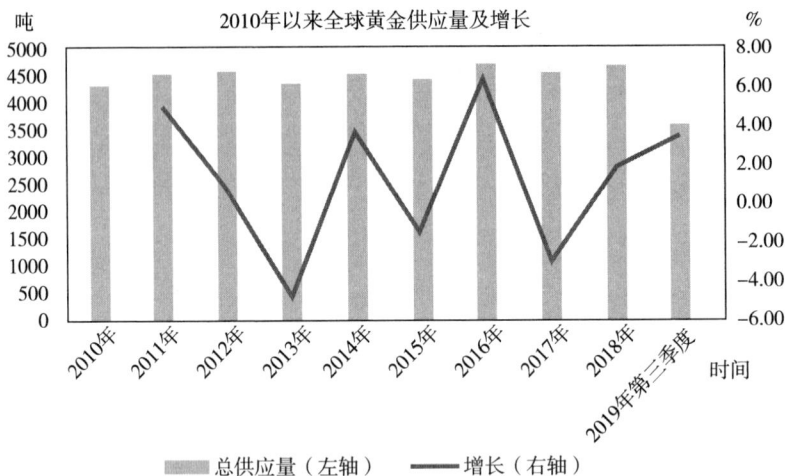

图 3 - 3　黄金供应量情况走势

（资料来源：华安基金）

从黄金市场的需求情况来看，2019 年的黄金总需求量有所下降，主要因为金饰和金条、金币需求量的下降；但与此同时，投资需求和央行储备意愿增强。根据世界黄金协会数据显示，截至 2019 年第三季度，全球黄金需求量为 3584.8 吨，其中金饰需求量 1571.3 吨，同比减少 4.8%，金条和金币需求量 628.7 吨，同比减少 22.2%；而各国中央银行需求量达 547.5 吨，同比增长 11.6%，黄金 ETF 及类似产品的需求量增加 377.2 吨，去年同期为 -41.8 吨，增长异常明显，也是 2019 年黄金价格大幅上涨的主要推动因素。

综上所述，从供给趋势来看，由于黄金资源的稀缺性导致在全球范围内，黄金需求一直受到黄金供给的限制。黄金的生产主要受到资源禀赋、开采条件、技术进度等因素的影响，未来全球黄金产量增长将继续放缓。从投资需求趋势来看，黄金全球存量约 16 万吨，但真正可以用来投资的黄金有 2 万 ~3 万吨，其他多数以央行储备、民间金饰品等形式存在。真正可以用来投资的黄金折合美元约为 1 万亿美元，在全球超过约 200 万亿美元的资产配置中相对稀缺。

第二部分

黄金定价模型

第四章
金融产品的定价范式

在研究黄金具体的定价模型之前，我们需要先了解一下金融产品定价的两种范式——均衡分析方法和无套利分析方法。其实这也是我们对资产定价理论的认识过程，我们最初研究更多地偏向于无套利分析方法，但随着对资产定价的理论研究的深入，特别是本轮金融危机以来对资产定价理论的反思，我们意识到很多资产定价需要跳出无套利分析方法，更多地和宏观经济结合，以避免未来再次出现类似次贷危机的情况。本书的内容，其实也是隐含着我们对资产定价理论的认识过程，以及从"无套利分析方法"向"一般均衡思想"转化的一种思想意识的转化。

言归正传，何谓金融产品？根据维基百科对金融产品的通俗定义，金融产品是指资金融通过程的各种载体，它包括货币、黄金、外汇、有价证券等。这些金融产品就是金融市场的买卖对象，供求双方通过市场竞争原则形成金融产品价格，如利率或收益率，最终完成交易，达到融通资金的目的。而从学术的角度讲，金融产品是一种契约，一种规制金融交易的文件协议或关系凭证，所有的在时间维度和空间维度上分配不同收益、风险特征的组合都将产生新的金融产品（也叫金融契约），所有围绕资金融通而发生的交易都将围绕这些金融产品而进行。

4.1　金融产品定价思路

金融产品定价（资产定价）是金融学永恒的话题。无论是金融风险的识别、度量和风险状况的确定，还是收益的计算，都要涉及金融资产价值的计算。因此，金融产品定价理论和方法就成为整个金融工程活动的核心内容。而资产定价的核心是什么呢？它是要寻求经济人（理性人）在边际约束条件下的最优消费和投资决策，并推导出均衡的资产价格。其常常涉及跨期，即理性人在不同的时期进行消费和投资选择以达到总的效用最大化。

在众多的金融学理论模型中，如何有效地对金融产品定价呢？有两种思路：其一是均衡分析方法，如典型的 CAPM 模型、因子定价模型等；其二是无套利分析方法，其经典运用包括 APT 理论和期权定价理论等。

均衡分析法属于绝对定价法，而无套利分析法属于相对定价法。由于无套利分析法对假设的简化，在 20 世纪 70 年代以后，以 Black – Scholes 期权定价理论为代表的无套利均衡在资产定价领域充当了更多的角色。"无套利均衡"① 的发展和推广使得金融产品、特别是很多复杂的金融衍生产品的定价成为可能，这增强了市场的流动性和定价效率，提供了丰富的风险管理工具，创造和衍生出庞大的信用，这些都推动了金融行业乃至整个实体经济近 40 年来的快速发展。但它毫无疑问是一把"双刃剑"，也正是它不可避免的缺点诱发了本轮金融危机，因此本轮金融危机除了是全球金融业的危机，同时也是值得金融学研究者反思的一轮危机。

---

① 无套利均衡：指如果几个市场之间存在无风险的套利机会，套利力量将会推动几个市场重建均衡，但它仅仅是一个局部均衡，三个市场之间的无套利均衡并不意味着其定出来的价值是真实的、稳定的，可能三个市场均是 300% 的泡沫，它仍是无套利均衡的，但不是一般均衡的，这样的价格是会破裂的，最好的佐证便是次贷危机——彼时，房地产价格、MBS 价格、CDO 价格之间的无套利均衡并不意味着其价格符合真实价值，可能三个价格都是泡沫，这样的价格泡沫最终会破裂。

从市场状态来看，无套利的存在是均衡状态的必要条件，也就是说，均衡的时候必然是无套利的；但无套利并非是均衡的充分条件，既无套利只是局部均衡，并不意味着一般均衡。因此从这一点来看，相较于无套利分析方法，一般均衡分析方法也具有更大的普适性和一般性。我们认为，要对金融产品进行更为准确的定价，需要我们从"无套利均衡"向"一般均衡"回归，当然不是完全否定无套利均衡。我们从事金融研究多年，也经历了思想上的转化，刚开始我们也是陶醉于无套利模型的"完美"以及其与数学、物理等自然科学的相通，但慢慢地，我们意识到金融学作为社会学科，它还是和数学、物理等自然科学有着一定的差异，其研究理论也不能完全地平移。本书正是体现了我们对资产定价理论的哲学认知的一种变迁。

4.2 一般均衡定价方法

一般均衡理论最早可以追溯到 1874 年瓦尔拉斯的《纯粹经济学要义》，它认为整个经济体系处于均衡状态时，所有消费品和生产要素的价格将有一个确定的均衡值，它们的产出和供给将有一个确定的均衡量。他当时认为由于方程组中方程的个数与未知量的个数相等，此方程组有解，故一般经济均衡问题有解。但后来人们发现他给出的一般经济均衡存在性的数学证明是不成立的，但由于一般经济均衡思想的重要性，学者仍然花了几十年的工夫来研究它。后来列昂惕夫的投入产出模型、约翰森的可计算一般均衡模型（Johansen，1960）等都是在其基础上的推广和发展。

20 世纪 50 年代的 Arrow-Debreu（Arrow 和 Debreu，1953；Debreu，1959）将一般均衡理论发展到一个新的高度。其运用角谷静夫（1941）提出的不动点定理，采用公理化的形式，从一系列的基本假定（人们的偏好、技术、初始禀赋等）出发，运用不动点定理，证明一般均衡的存在性，从而完成了对亚当·斯密"看不见的手"的现代阐释。该理论的经典分析框架如下：

理性人存在于（0，T）期，其拥有的初始禀赋为 V（0），并在其生存期间获得劳动收入为 L（t），最后给下一代留下的遗产为 V（T），要求其在满足收入预算约束条件的前提下，在各期做出消费和投资决策，以达到其终身效用最大化。由于在跨期模型中，理性人需要在多个时期中进行消费、投资决策，而未来的不确定状态可以是无限多的，因此 Arrow – Debreu 的一般均衡理论引入了"Arrow 证券"和理性预期均衡思想，即投资者对资产价格的事前预期和事后事实相同，理性人为达到终身效用最大化，不断进行消费、投资决策，通过动态的组合有限多的资产，对冲掉无限多的不确定状态，从而达到理性预期均衡。他们同时证明了理性预期均衡下的资产配置和帕累托均衡下的资产配置是相同的。其后的基于一般均衡理论的资产定价研究都始终以其作为基础，进行探讨和发展。

应用到金融投资领域，Markowiz（1952）提出了投资组合理论，包括均值—方差模型和投资组合的有效边界模型。提出用均值来刻画资产的收益，用方差（或标准差）来刻画资产的风险；同时根据不同的风险容忍度，限定风险的情况下取得收益最大化，这样来形成一条投资组合的最优集合，即投资组合的有效边界。

在 Markowiz（1952）的基础上，Sharpe（1964），Lintner（1965）和 Treynor（1966）提出了资本资产定价模型，该模型认为投资一项资产的收益率等于无风险利率加上其承担风险的溢价。后来，资本资产定价模型被广泛应用于资产估值以及资产配置等方面。比如，在资产估值方面，资本资产定价模型可被用来判断某一资产的价格是否被市场错误定价。资本资产定价模型简洁地描述了资产的期望收益率和其风险之间的关系，并将投资组合的风险分解为系统性风险和非系统性风险。

当然，后来的研究者发现资本资产定价模型并不是一个完美的模型，现实市场的复杂程度远超过这一简单的模型。但是其分析问题的角度是正确的，其提供了一个可以用来衡量风险大小的数量化模型，以帮助市场投资者衡量所得到的超额回报是否与承担的风险相匹配。

前述的投资组合理论和资本资产定价模型都是基于单期的资产定价理论，这显然与实际情况有所差异。后来的学者（Hakansson，1970；Fama，1970）探讨了离散状态下的跨期投资决策问题；而 Merton（1973）运用伊藤随机分析方法讨论了连续时间状态下个人的跨期投资决策问题，提出了跨期资本资产定价模型。Merton 认为市场投资者对风险资产的需求包括两个方面：第一是 Markowiz 的静态资产组合问题中的均值—方差成分；第二是规避对投资机会集的不利冲击的需求。当可投资的标的资产发生不利变动，而同时又存在一种收益率很高的证券时，理性投资者将会买入该种证券。这种套期保值需求的增加同时也导致了该资产均衡价格的上涨，推导跨期资本资产定价的关键就是在资产定价的模型中反映这种套期保值需求。

Breeden（1979）通过跨期一般均衡分析方法得出了基于消费角度的资本资产定价模型，模型假设投资者在整个生命期追求消费效用最大化来研究消费与资产的持有选择问题，认为跨期条件下的资产价格取决于它对未来消费的边际效用的贡献率。

前面几位学者的研究都是自然而然地将无风险利率视为外生的经济变量，而 Cox、Ingersoll 和 Ross（1985a，b）提出了无风险利率的多因素内生解释，提出了资产定价的跨期一般均衡模型。其中前一篇论文对一个简单而又完备的经济体提出了一个时间连续的广义均衡模型，并且用它来检验资产价格的行为。后一篇论文则提出了具有均值回复特征的 CIR 模型（Cox-Ingersoll-Ross Model）来对利率期限结构进行研究。

后来的 Fama 和 French（1992）在资本资产定价模型的基础上，进一步研究出了多因素模型。他们从经验事实出发，直接利用过去数据，通过计量经济学模型寻找其间的数量关系，提出了著名的 Fama–French 三因子模型，即上市公司的市值、账面市值比、市盈率可以解释股票回报率的差异。这一研究得到了后来多个国家数据及大多数金融研究者的肯定。

可以看出，在资产定价的研究历史中，学者们根据一般均衡的思路，从不同的角度出发提出了很多著名的资产定价的模型，这些模型在资产定价理论的发展起到了里程碑式的作用。

4.3 无套利均衡定价方法

无套利分析方法的基本思想很好理解，研究者唯一需要确定的是：当市场中其他资产价格给定的时候，某种资产的价格应该是多少才能使市场中不存在套利机会？很明显，无套利分析方法将金融市场其他资产的价格作为输入变量，而去计算需要定价资产的价格，该方法关注的只是各种金融产品之间的相对价格水平。无套利分析方法以"相对定价"为核心，寻求各种近似替代品价格之间的关系，通过达到市场"无套利"的目标来确定资产的合理价格。

无套利定价思路的出现极大地推动了以期权、期货为代表的金融衍生产品的飞速发展。Black 和 Scholes（1973）以及 Merton（1973）分别提出了期权定价的 Black - Scholes 公式，这一模型解决了"或有剩余索取权"的定价疑难，为衍生品市场的迅速发展扫清了最大障碍，可谓是无套利均衡定价最为经典的定价模型，Scholes 和 Merton 也因此获得 1997 年的诺贝尔经济学奖。随后，Cox、Ross 和 Rubinstein（1979）提出了离散状况下的衍生产品定价模型，即二叉树模型，进一步丰富和完善了这一理论。这使得接下来的 30 年成为金融衍生产品飞速发展的时代，各种新型衍生产品层出不穷，我们也从 2000 年开始研究采用无套利定价理论进行衍生品定价，直到金融危机爆发后，才开始逐步反思这一理论的不足。当然这一理论对于资产定价，特别是金融衍生品定价仍然是非常重要的理论。

建立在无套利定价思想上的模型往往都是用于对利率衍生品、复合衍生品和结构化产品进行定价。以下几篇文献都是基于无套利定价思路的比较经典的衍生品（如利率衍生产品、可转换债券、CDO 等）定价文献。

利率衍生品是金融市场中最为典型的一类衍生品，次贷危机爆发时的 2009 年的存量规模达到了 460 万亿美元，占到整个衍生品市场 680 万亿美元的 70% 左右。利率模型也可谓多种多样，最开始的利率模型多为均衡模型（Equilibrium Model），即根据市场的均衡条件求出利率所必须遵循的一个过程，在这些模型中，相关的经济变量是输入变量，利率水平是输出变量，这类模型的代表是 Viesicek（1977）的 Viesicek 模型；到无套利思想发展成熟后，各种基于这一理论的利率模型被广泛的研究，并形成了诸多具有代表性的模型，比如 Ho-Lee 模型（1986）、Hull 和 White 模型（1990）、HJM 模型（1990）等。这类模型通过相关债券等资产之间必须满足的无套利条件进行分析，此时利率水平是一个输入变量，相关金融工具的价格是输出变量。这类模型的推出也极大地简化了利率衍生品的定价问题，促进了这一市场的壮大。

可转换债券是一种介于债券和股票之间的，兼有债务性与期权性的中长期混合衍生产品（hybrid derivatives）。它除了有一般的债权外，还包含一些内涵期权（embedded option）：转换权——投资者按照确定的价格将债券转换为公司股票；赎回权——公司在满足规定条件的情况下可以以确定的价格赎回可转债；回售权——投资者在满足规定条件的情况下可以以确定的价格将可转债回售给发行人；向下修正权——公司在一定条件下调整转股价的期权。其中，转换权和回售权属于投资者拥有的期权，而赎回权和向下修正权属于发行者的权利。早在 20 世纪七八十年代，Ingersoll（1977），Brennan 和 Schwartz（1977）等就对可转债定价问题进行过研究，并形成了结构法（Structural Approach）的模型体系。McConnell 和 Schwartz（1985）提出了基于简化法（Reduced-Form Approach）可转换债券的定价模型，极大地方便了可转换债券的交易，为对冲基金的广阔发展提供了大量可供套利的沃土，使得可转换债券成为对冲基金最为常用的交易产品。

以 CDO 为代表的抵押贷款证券化产品自 20 世纪 70 年代末开始在美国推出以后，其在全球资本市场得到蓬勃发展，成为 30 多年来世界金融领域中发展规模和发展速度最快的金融衍生工具。不仅市场规模不断扩大，产品的类型也逐渐丰富，像后来出现了 CDO、CDO^2、CDO^n、CMO 等新型衍生产品。在这一发展过程中，理论模型的研究也成为其快速发展的基础。Schwartz 和 Torous（1989）提出的抵押贷款证券化产品定价模型成为其飞速发展的起点，他们认为基于期权的 MBS 定价方法不能完全解释借款人的提前清偿行为。因此，利用 30 多年的美国 MBS 提前清偿数据，在生存分析（Survival Analysis）的基础上，将 Cox（1972）模型并入偏微分方程来求解 MBS 的价格，从而开创了基于实证分析的 MBS 定价法。Schwartz 和 Torous（1992）同时引入提前偿付和违约率因素，对最简单的资产证券化过手型（pass-through）产品进行了定价研究。Li（2000）首次将 Copula 函数的方法引入证券化产品定价，他在文章中使用高斯 Copula 方法测度违约相关性从而为 CDO 定价。之后 T 分布 Copula、Clayton 分布 Copula 等均被引入证券化产品定价，如：Hull 和 White（2004）则使用非 Monte-Carlo 的方法（快速 Fourier 变换和双 T 分布 Copula）对现金 CDO 和合成 CDO 进行了定价研究。

以上这些基于无套利分析方法的推出，为金融衍生品市场的快速发展提供了理论基础，当然本轮金融危机也正是由于衍生产品的过度发展而出现崩塌。我们在开始学习资产定价理论时，彼时的教科书也沿用的是无套利定价的思路。

4.4　再回一般均衡

基于无套利均衡的理论为资产定价提供了重要的思路，特别是对于金融衍生产品的定价。因此，可以说无套利均衡定价理论的出现是金融产品，特别是金融衍生产品快速发展的理论基础。但也正是金融衍生产品的过度膨胀使得本轮次贷危机从金融行业迅速蔓延至整个美国实体经济，并波及欧元区主要国家、英国及一些新兴市场国家，造成全球经济出现较长时间的低增长。其直接催化剂无疑是华尔街制造出的无数新型金融衍生产品（如担保债务凭证 CDO、信用违约掉期 CDS），它们对风险的集聚和放大无疑类似于"金融核弹"的效力。

在滞胀肆虐的 20 世纪 70 年代，Black – Scholes 的期权定价公式问世。以此为契机，金融衍生品在过去的 40 年得到了爆炸性的增长。产品种类从期货、期权扩展到了各种互换（IRS、CDS）、联结票据、各种奇异期权（Exotic Options）、结构性金融产品（CDOs、CMOs）、天气能源衍生产品等；交易量也以惊人的速度增长。金融衍生产品的不断创新的确在很多方面产生了正面效果，如提供了丰富的风险管理工具，增强了市场的流动性和定价效率，创造出庞大的资本信用。这些都推动了金融业乃至整个实体经济近 40 年的快速发展。

金融衍生产品的出现和发展本应是为了分散、转移、控制金融风险，奈何最后成为一场金融危机的导火索，值得世人深思。随着金融衍生品的不断开发，越来越多的数学工具被加以应用，包括概率统计、偏微分方程、鞅论、随机过程等；越来越多的计算机算法被加以借鉴，如蒙特卡罗模拟、牛顿迭代、算法交易等。这一切似乎让金融工程师们（宽客，Quants）将金融工程变成了"工程"，而不再更多地追究其"金融"本质。金融产品设计者一开始就不假思索地随机游走（Random Walk）和无套利均衡，基于这一基础开始辛勤地添砖加瓦，修建出各种"美轮美奂"的金融衍生产品。但客观讲，定量分析师们不得不负一定的责任，即在一个不坚实的地基上修建金融衍生品的精妙房屋。这不坚实的地基便是随机游走和无套利均衡。金融资产价格的变化多端使得我们简单地认为其价格服从随机游走，但殊不知，股票的几何布朗运动，利率、波动率的均值回复运动并不能完整地刻画资产价格的走势，特别是对极端情况的刻画。

而所谓无套利均衡，是指如果几个市场之间存在无风险的套利机会，套利力量将会推动几个市场重建均衡，但它仅仅是一个局部均衡，三个市场之间的无套利均衡并不意味着其定出来的价值是真实的、稳定的，可能三个市场均是 300% 的泡沫，它仍然是无套利均衡的，但不是一般均衡的，这样的价格是会破裂的，最好的佐证便是这次次贷危机。

未来的资产定价理论如何发展？这是一个可以再获诺贝尔奖的命题。是继续技术化的"工程"道路，不假思索的无套利定价？还是向一般均衡靠近，兼顾到其标的金融资产的内生价值？当然毫无疑问，前者易，后者难。前者只需要简单地把标的资产价格作为一个外生变量，通过对相关资产价格比较进行定价，而不考虑行为主体的偏好和效用函数。后者需要考虑标的资产价值的合理性，在给衍生品定价的同时，考虑宏观经济变量的理性预期均衡。

一代奇才 Black 晚年致力于解决它，但不幸早逝，或许一般均衡是"上帝的均衡"，可望而不可即。但此次金融危机的深刻教训，让我们不得不重新思考，定价是否应该尽可能地考量到外生的宏观因素，向一般均衡靠近，尽管它永远不能达到。毕竟这个真实的世界不是完全随机游走。事实上，金融危机后，很多学者的研究已经开始在向一般均衡靠近。我们经过对资产定价理论多年的研究，也开始逐步感悟到这一点。

4.5　基于宏观框架下的黄金定价模型

黄金，作为一种特殊的大宗商品，具有商品、货币和避险的多重属性。

黄金的商品属性是指黄金被用作饰品业、工业和现代高新技术产业的重要原材料来源。

黄金的货币属性是指黄金作为支付手段，发挥其货币职能，即使在黄金非货币化之后，它仍是被国际接受的继美元、欧元、英镑、日元之后的第五大国际结算方式；同时，黄金事关一国的金融安全，是一国官方储备的重要组成部分。

黄金的避险属性是指当金融、经济出现大幅波动或危机时，黄金都成为资金的避风港，每次经济、金融危机期间都有大量避险资金涌入黄金市场。在历史的不同时期，其各种属性表现形式和相对地位有所变化，但黄金的多重属性历来而且一直是相伴相随、共同发挥作用的。

此外，黄金还是反映资产价格风险溢价（Risk Premium）水平的重要因素，因此它通过影响资产定价的贴现因子（Discounted Factor）中风险溢价水平的变化，来影响资本市场的其他资产的价格（如汇率类资产、大宗商品类资产、固定收益资产和股票类资产）。

正是由于黄金的多重属性及重大影响，黄金的价格决定机制较一般普通商品更为复杂，不单单是简单的黄金商品供求决定机制，更多的是黄金市场投资、投机以及黄金货币储值等货币、避险属性共同作用的结果。

从我们对黄金资产定价多年的研究来看，我们认为影响黄金的因素较多，且在不同的宏观经济周期时期，其主要的驱动变量会有漂移。

在本书的第五章至第八章对黄金进行定价研究之前，先对黄金的重要影响因素进行了归纳，并分别探讨了这些因子是通过影响黄金的哪种因素，来驱动黄金价格的。

我们认为黄金的重要影响因素主要有以下几个：

1. CRB 指数。CRB 是 "Commodity Research Bureau（商品研究局）" 的缩写。CRB 指数是全球经济、金融领域中重要的经济指标，不仅经济学家们对其非常重视，各市场投资者对其走势也非常关注。该指数全面涵盖了19 种期货合约，分为能源类（包括原油、汽油、天然气等）、硬商品类（包括铜、铝、镍、黄金、白银）和软商品类（包括玉米、棉花、大豆、小麦、糖、冰冻浓缩橙汁、可可、咖啡等）三大类。

由于 CRB 指数涵盖了原材料性质的大宗商品价格，且其价格数据来自日常交易的期货市场，其及时性得以保障。因而该指数在反映世界大宗商品价格的总体动态上有着特殊的指示作用。它不仅能够较好地反映出生产者物价指数（PPI）与消费者物价指数（CPI）的变化，还可以看成是通货膨胀的指示器。

大量的研究表明：大宗商品 CRB 指数与通货膨胀指数在同一个方向波动，与债券收益率在同一方向上波动。而我们知道黄金是大宗商品的一种，尽管其较一般的大宗商品更为特殊，但大宗商品的基本特征，它都具备；且它的大宗商品属性是其其他属性的基础，因此毫无疑问 CRB 指数的走势在一定程度上能够反映黄金的大宗商品属性。

2. 美元指数。美元指数是综合反映美元在国际外汇市场上汇率变动情况的合成指标，被用来衡量美元对一篮子货币的汇率变化程度。美元指数上涨，说明美元对其他货币的汇率在上升，由于国际上主要的商品都是以美元计价，那么所对应的商品价格应该下跌；反之亦然。

美元指数的计算原则是以全球各主要国家与美国之间的贸易结算量为基础，以加权的方式计算出美元的整体强弱程度，并以 100 点为强弱分界线。在欧元推出后，美元指数的构成进行了相应的调整，从 10 个国家减少为 6 个国家，欧元成为美元指数中权重最大的货币，其所占权重达到 57.6%。因此，欧元与美元汇率的波动对美元指数的强弱影响最大。其具体占比为：欧元对美元汇率占比为 57.6%，日元对美元汇率占比为 13.6%，英镑对美元汇率占比为 11.9%，加拿大元对美元汇率占比为 9.1%，瑞典克朗对美元汇率占比为 4.2%，瑞士法郎对美元汇率占比为 3.6%。

由于美元和黄金都曾为国际货币体系中重要的本位币，因此两者存在着一定的"替代效应"。美元的坚挺就削弱了黄金作为潜在储备资产的地位；美元的孱弱就意味着黄金的替代效应更为显著。

此外，世界黄金市场交易的黄金一般都以美元标价，因此两者有物理学上"相对运动"的特征。美元指数跌的时候，往往黄金在涨；而黄金下跌的时候，美元指数则往往处于上升途中，黄金与美元在大部分时间内都呈负相关关系。美元指数是通过影响黄金的隐性货币属性来驱动黄金价格的。

3. 美国的广义货币供应量 M2。货币供应量的定义有狭义和广义之分。狭义货币供应量 M1 是指流通中的现金加银行的活期存款；而广义货币供应量 M2 是指 M1 再加上居民储蓄存款和企业定期存款。

由于美元是现行国际货币体系的核心，因此美元的供应不仅是留在了美国，更多地流向了全世界，成为全球各国财富储备的货币，统计显示，全球 70% 的美元在海外，是美国国内美元的 2 倍以上。因此，美国的广义货币供应量 M2 多少将直接关系到全球金融体系、实体经济流动性的宽松程度。我们知道，当货币流动性较宽松时，往往会呈现出比较明显的通货膨胀，这将使得黄金等大宗商品价格出现上涨；而当货币流动性紧缩时，往往会使得通货膨胀较低，甚至出现通货紧缩，这将对黄金等大宗商品的价格构成负面影响。

同时，货币的过量发行会使得投资者和居民对现行的货币体系产生负面的看法，从而使得更多的人去购买黄金这一"货币替代品"。因此货币供应量因素是通过黄金的货币属性来影响黄金价格的。

4. 美国的基准利率——美国联邦基金利率。由于美国是世界第一大经济体和全球金融中心，因此美国的基准利率不仅会影响到其本国的经济、金融，也会对全球经济、金融产生重要的"溢出效应"。美国的基准利率也会对黄金价格产生明显的影响。我们在此将美联储确定的美国联邦基金利率作为美国的基准利率，此利率甚至可以认为是全球经济的基准利率。

美国联邦基金利率（Federal funds rate）是指美国同业拆借市场的利率，该利率的变动能够敏感地反映银行之间资金紧缺程度，美联储（FED）通过调节同业拆借利率可以直接影响商业银行的资金成本，将利率水平传递到实体经济，进而影响整个国民经济的消费与投资。

其具体传导机制如下：当美联储降低其拆借利率时，商业银行之间的拆借行为就会转向商业银行与美联储之间，因为向美联储拆借的成本低；此时，整个市场的拆借利率就将随之下降。当美联储提高拆借利率，在市场资金比较短缺的情况下，商业银行与美联储之间的拆借成本就会上升，那么实体经济企业和商业银行直接的借贷成本也随之上升，这样整个国民经济的利率就会出现上升。

那么，美国联邦基金利率如何影响黄金价格呢？我们知道，当美国联邦基金利率较高时，通常意味着美国经济增长比较强劲，美元此时往往比较强势，因此这对黄金价格形成压制；而当美国联邦基金利率较低时，往往意味着美国经济增长比较弱，需要通过较低的利率水平来刺激经济，这期间的美元通常比较弱势，这有利于黄金价格的上涨。

美国联邦基金利率是通过影响实际利率的变化来驱动黄金价格的。在实际的定价过程中，由于联邦基金利率变动的频率很低，我们在建模过程中，往往使用固定收益市场的短期国债利率来替代。简而言之，美国联邦基金利率会影响黄金的投资属性的价值，进而影响黄金价格。

5. 消费者物价指数CPI。其通常作为观察通货膨胀水平的最重要指标，是全球通用的根据与居民生活有关的实物产品及劳务价格统计出来的综合指标。其在美国的构成主要分为八大类，包括：食品酒和饮品、住宅、衣着、教育和通信、交通、医药健康、娱乐、其他商品及服务。由于实际利率等于名义利率减去通货膨胀率，消费者物价指数CPI的变动将会对实际利率产生显著影响。因此，CPI是通过黄金的投资属性来影响黄金价格的。

6. 国债CDS利差。CDS是Credit Default Swap的简称，中文名又叫信用违约掉期。它是1995年由摩根大通银行首创的一种衍生品，它可以被看作是金融资产违约的保险。债权人通过CDS将债务的违约风险出售。购买信用违约掉期的一方被称为买方，卖出信用违约掉期、承担风险的一方被称为卖方。双方约定如果金融资产没有出现违约情况，则买方向卖方定期支付"保险费"，而一旦发生违约，则卖方承担买方的标的资产损失。CDS 是目前全球交易最为广泛的场外信用衍生品。

所谓国债 CDS，就是购买国债的投资者对所投资国债进行保险的信用违约掉期，而其"保险费"就是 CDS 的利差。其利差越高说明国债 CDS 的"保险费"越高，也就是说国债违约的可能性越高。2010 年欧债危机以来，以希腊为代表的欧洲五国（希腊、冰岛、意大利、西班牙、葡萄牙）先后出现主权债务风险，其国债的 CDS 利差也不断飙升，显示出其违约风险较大，最后以欧洲中央银行的救助才得以避免违约。

那么国债 CDS 利差对黄金价格有什么影响呢？我们知道黄金作为一类重要的金融资产，它具有一定的避险功能。古谚有云："盛世的珠宝，乱世的黄金。"当全球主要经济体的国债出现违约风险时，势必会影响全球金融市场形势，不可避免地出现一些动荡，此时黄金的避险属性将会充分地体现，其价格也往往表现为大幅上涨。简而言之，国债 CDS 利差是通过黄金的避险属性来影响黄金价格的。

7. 通胀保值债券（TIPS）。其也叫通货膨胀保护债券，是美国财政部发行的与消费者价格指数挂钩的债券，其设计原理是：债券与美国的 CPI 挂钩，美国财政部每半年付息一次，当发生通货膨胀或通货紧缩时，通胀保值债券的本金会根据 CPI 的变化相应增加或减少。通胀保值债券收益率的变动能很好地反映市场对未来的通货膨胀预期，因而会与黄金价格的波动有很强的相关性。TIPS 是通过黄金的投资属性来影响黄金价格的。

以上各指标都会对黄金价格产生重要影响，但不同时期其影响的程度不一样。因此，本书也针对不同情况下的黄金定价问题，提出了相应的模型，在接下来的第五章至第八章中分别进行探讨。希望无论对理论研究者还是市场投资者都具有一定的启示作用和现实意义。

4.6 结论

本章探讨了资产定价的两种范式——均衡分析方法和无套利分析方法。通过对次贷危机以来资产定价理论的反思，笔者意识到很多资产定价需要跳出无套利分析方法，更多地和宏观经济结合，以避免未来再次出现类似次贷危机的情况。因此，笔者在本书中的黄金定价模型都是在宏观框架下对价格进行探讨，并列出了 CRB 指数、美元指数、国债 CDS 利差、通胀保值债券（TIPS）收益率等数个对黄金价格有影响的因素，在后面的第五章至第八章中进行更深入的研究。

第五章
流动性与黄金定价模型

5.1　黄金的商品需求与投资需求

在第一章概述中，我们指出黄金有多重属性，包括大宗商品属性、货币属性、避险属性和投资属性。对于大宗商品属性，我们认为是属于黄金的商品需求，即用于珠宝、牙科和工业等领域，这种需求真实地消耗黄金（尽管黄金可再生）。而黄金的货币属性、避险属性和投资属性实际上都属于黄金的投资需求，这种需求并不真实消耗黄金本身。因此，我们可通过是否真实消耗黄金，来区分黄金的商品需求和投资需求。

通过对 21 世纪第一个 10 年黄金的两种需求的变化，我们发现：尽管 10 年间印度和中国等传统黄金偏好国购买力不断上升，但珠宝用金的消费总量从 3205 吨/年下降至 1819 吨/年。这说明：一方面，黄金价格不断上升，但有效的消费需求不断减少，黄金的商品属性在不断弱化；另一方面，黄金的投资需求从 2001 年的 20 吨增加至 2010 年的 1505 吨，而同期全球黄金年供应量从 3915 吨变成 4394 吨，仅仅增加了 479 吨。如最大黄金生产国南非的黄金供给量已从最高的每年 1000 多吨减少至目前的每年 280 吨。一方面是投资需求不断增长，另一方面供应极度刚性。所以，从供求关系来看，投资需求成为推动黄金价格上涨的主要动力，那么黄金投资的预期收益则成为推动投资需求的关键。

仔细想来，黄金能成为投资者青睐的标的有其深层次的原因：虽然黄金作为支付手段已经退出了流通体系，但黄金作为"隐性货币"的作用却一直存在，所以金价反映的不仅是黄金本身的供需关系，还包含了全球货币供需变动的关系。因此，传统的供给需求方法并不能有效地对黄金进行定价，黄金的价格需要更多地从货币体系内去寻找其驱动变量。一言以蔽之，金价即流动性。因此，接下来我们将研究流动性对黄金价格的驱动作用，提出流动性与黄金定价模型。

5.2　流动性与黄金价格

流动性是金融市场的一个重要概念，根据不同的对象，流动性的定义有多种多样。比如，对于整个宏观经济的流动性，它是指在宏观经济体系中货币投放量的多少；对于股票市场，它是指整个市场参与交易资金相对于股票供给的多少；对于企业，它是指企业自身的财务状况，特别是现金流情况。

本章将研究第一种流动性，即宏观经济范畴下的流动性对金价的冲击，我们将使用马歇尔 K 值来测度该种流动性。尽管 M_1、M_2、社会融资总量等经济指标都可以用来测度宏观经济流动性，但本章我们主要测度全球流动性变动对黄金价格的影响，因此非常适合以马歇尔 K 值这一比率性的指标来测度流动性的变动。

5.2.1　加权马歇尔 K 值

在分析黄金价格与流动性关系之前，我们先讨论加权马歇尔 K 值的构造方法：它是以广义货币供应量 M_2 除以 GDP，而在单一国家 M_2/GDP 的基础上，我们把它扩展至全球主要的经济体，包括美国、欧元区、中国、日本和英国，具体方法是把非美国家 M_2 和 GDP 换算成美元后进行加总，构造出汇率加权马歇尔 K 值，公式如下：

$$K = \sum_{i=1}^{5} K_i \times e_i, \text{其中} K_i = \frac{M_{2i}}{\text{GDP}_i}, i = 1, 2, \cdots, 5 \qquad (5-1)$$

其中，K 为加权马歇尔 K 值，K_i 为美国、欧元区、中国、日本和英国各国的马歇尔 K 值，e_i 为各国货币与美元的汇率。我们合成加权马歇尔 K 值主要基于以下两点：

1. 这五大经济体代表了全球流动性的主要趋势。五大经济体占了全球 GDP 总量的 70% 左右，而且这些地区和国家资本流动性均较高，它们流动性的变动代表了全球流动性变动的主要趋势。

2. 量化了汇率对流动性影响。全球主要商品都是美元计价的，对非美货币 M_2、GDP 的汇率换算后加总，实现了不同国家流动性所对应的货币购买力的加权，反映了美元计价体系下的全球流动性。

接下来我们先按照前文的模型，计算出各国的马歇尔 K 值以及加权马歇尔 K 值[①]。

表 5-1　各主要经济体的马歇尔 K 值

年份	美国 马歇尔 K 值	日本 马歇尔 K 值	欧元区 马歇尔 K 值	英国 马歇尔 K 值	中国 马歇尔 K 值	加权 马歇尔 K 值
1980	0.54	1.17	0.84	0.88	0.80	0.58
1981	0.54	1.15	0.81	0.87	0.79	0.56
1982	0.55	1.15	0.77	0.84	0.78	0.59
1983	0.56	1.16	0.75	0.79	0.77	0.60
1984	0.56	1.15	0.73	0.69	0.74	0.59
1985	0.57	1.13	0.70	0.58	0.71	0.59
1986	0.57	1.13	0.69	0.65	0.73	0.62
1987	0.58	1.14	0.68	0.69	0.74	0.60

---

① 欧元区在成立以前的马歇尔 K 值按照各国货币与美元的汇率分别计算加总。

续表

年份	美国 马歇尔 K 值	日本 马歇尔 K 值	欧元区 马歇尔 K 值	英国 马歇尔 K 值	中国 马歇尔 K 值	加权 马歇尔 K 值
1988	0.59	1.12	0.71	0.67	0.74	0.59
1989	0.60	1.09	0.78	0.70	0.75	0.58
1990	0.57	1.06	0.60	0.79	0.82	0.77
1991	0.57	1.03	0.61	0.77	0.89	0.77
1992	0.54	1.03	0.61	0.78	0.94	0.78
1993	0.52	1.05	0.63	0.78	0.99	0.79
1994	0.50	1.05	0.62	0.76	0.97	0.78
1995	0.49	1.06	0.63	0.79	1.00	0.79
1996	0.49	1.07	0.63	0.81	1.09	0.82
1997	0.49	1.07	0.64	0.83	1.15	0.84
1998	0.50	1.12	0.65	0.83	1.24	0.87
1999	0.50	1.17	0.66	0.81	1.34	0.90
2000	0.50	1.19	0.65	0.84	1.39	0.92
2001	0.53	1.23	0.67	0.87	1.44	0.95
2002	0.55	1.28	0.69	0.87	1.54	0.98
2003	0.55	1.31	0.71	0.88	1.63	1.01
2004	0.54	1.33	0.73	0.91	1.58	1.02
2005	0.53	1.36	0.77	0.98	1.62	1.05
2006	0.53	1.39	0.80	1.06	1.60	1.07
2007	0.54	1.41	0.83	1.11	1.52	1.08
2008	0.58	1.48	0.88	1.28	1.51	1.15
2009	0.61	1.62	0.93	1.36	1.79	1.26
2010	0.61	1.62	0.93	1.43	1.81	1.28
2011	0.64	1.72	0.92	1.35	1.81	1.29

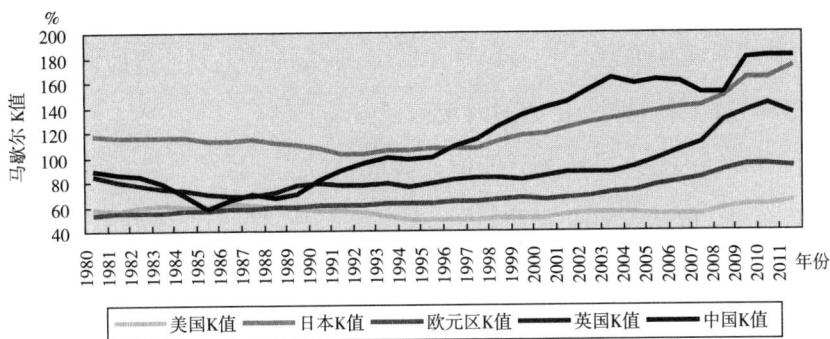

图5-1 各国马歇尔K值的走势

从表5-1我们可以看出：（1）2000年以前，各国的马歇尔K值都较小，加权马歇尔K值1980—1999年的平均值仅为0.78，还没有超过1；其中美国、欧元区、英国的加权马歇尔K值在2000年以前均小于1，表明此时的经济增长更多的还是靠生产效率的提高，的确20世纪90年代也是信息技术促进经济增长的时期；而2003年以后，加权马歇尔K值开始超过1，这表明其后经济的增长更多的是靠杠杆率的提升来推动，如果把一个国家比喻成企业的话，经济增长更多的是靠增长国家的资产负债率来实现。（2）我们发现亚洲区域的日本和中国的马歇尔K值普遍高于欧美国家，其原因还有待探讨。（3）从公式（5-1）我们可以看出，马歇尔K值的决定因素有三个——广义货币供应量 M_2，实体经济GDP和汇率，我们认为造成流动性过剩的关键因素有两个：一是货币政策失衡。对比过去30年的 M_2 和GDP可以发现，五大经济体几乎都出现 M_2 平均增速上升，GDP平均增速下降的现象。追溯这种差异，我们认为受互联网革命的推动，整个90年代发达国家经济增长带有明显的技术推动的特征，所以经济能维持长时间的高速增长。网络泡沫破灭后，主要发达国家采取以宽松货币政策刺激经济增长的策略，但由于缺乏新的经济增长催化因素，GDP增速并没有显著回升，最终陷入了不断扩张货币刺激经济的循环中，流动性不断积累。二是美元贬值导致全球流动性重估。21世纪以来的美元指数是下跌的，美元贬值的最直接后果就是全球流动性的重估，因为假设以欧元计价的欧元区 K 值是 1，当欧元兑美元汇率从 1 升至 1.1，那么按照美元计价的话，欧元区 K 值变为 1.1。影响美元汇率的因素有多方面，包括国际收支、利率、通货膨胀、财政结构等，虽然美元贬值会造成全球流动性的上升，可能引起资产价格泡沫，但从美国的角度来看，美国政府是"乐于"看到美元贬值的，因为这会对增强美国的出口竞争力，改善贸易赤字有直接的作用。

5.2.2　加权马歇尔 K 值与黄金价格

从宏观上看，货币供应量应当与经济增长相匹配，当广义货币供应量 M_2 增速高于实体经济 GDP 增长速度时，实体经济未能有效吸收货币，货币供应"过剩"，单位货币效用降低使得作为一般等价物的黄金价格上升；反之，货币供应"紧缺"，单位货币效用上升，黄金价格下跌，所以金价的变化是货币供需关系在金融市场的一个映射。

在这种逻辑体系下，我们就能容易理解"乱世黄金"的这种传统投资智慧，因为在社会出现如天灾、战争、经济危机等动荡的时候，预期经济增长（GDP）放缓以及为了防止经济衰退而采取的宽松货币政策将导致 K 值迅速上升，即流动性增加，黄金价格上涨。

在本节我们将分析加权马歇尔 K 值变化对黄金价格的影响。通过简单的相关性分析，我们发现自 1980 年以来 30 余年的数据，加权马歇尔 K 值变化与黄金价格走势的相关性为 0.84，从图 5 - 2 中我们也能清楚地看到，加权马歇尔 K 值变化的走势和黄金的价格走势几乎相伴而行。

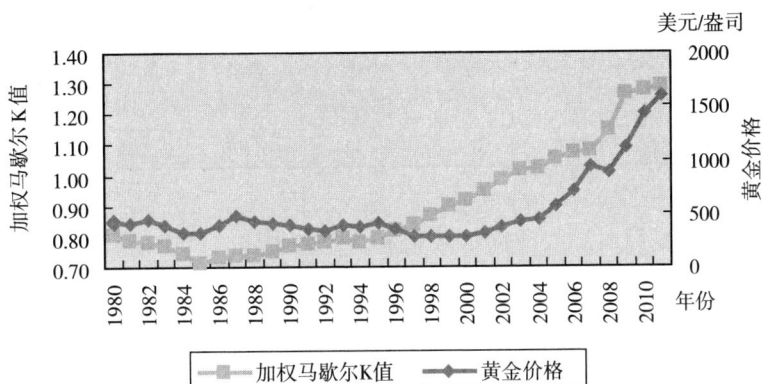

图 5 – 2　加权马歇尔 K 值与黄金价格走势

5.3　模型及实证

本节我们选取 1980—2011 年的加权马歇尔 K 值和黄金价格数据来研究宏观流动性变化对黄金价格的影响。由于加权马歇尔 K 值测度的是宏观流动性，需要 GDP 和 M_2 数据，因此本节中的数据为年数据。从表 5 – 2 中我们看到样本内的加权马歇尔 K 值均值为 0.90，最小值为 0.71，最大值为 1.29，结合图 5 – 2，我们看到随着金融业的不断发展，虚拟经济占实体经济的比例越来越高，反映在加权马歇尔 K 值上，就是表现为 K 值不断地增大，在此我们认为其不断增大是一把 "双刃剑"。其间的黄金价格均值为 517 美元/盎司，最低价格为 284 美元/盎司，最高价格为 1891 美元/盎司，结合图 5 – 2，我们也可以看出近年来黄金价格也是一直处于上行趋势，特别是在金融危机以后。

表 5 – 2 加权马歇尔 K 值和黄金数据描述性统计

	均值	标准差	偏度	峰度	最小值	最大值
加权马歇尔 K 值	0.90	0.17	0.996	2.841	0.71	1.29
黄金价格	517	329	2.123	6.579	284	1891

接下来，我们对加权马歇尔 K 值和黄金数据建立回归模型如下：

$$GOLD_t = \alpha + \beta K_t + \varepsilon \qquad (5-2)$$

其中，$GOLD_t$ 为 t 时黄金价格，K_t 为 t 时的加权马歇尔 K 值，模型回归结果如表 5 – 2 所示。由表 5 – 2 的各项统计值可知模型效果比较好，我们可以看出：黄金价格与加权马歇尔 K 值存在非常显著的正相关关系，加权马歇尔 K 值每上升 1%，黄金价格将上涨 15.89 美元/盎司，当加权马歇尔 K 值为 1 时，黄金的价格大约是 680 美元/盎司，这大概是 2004 年时的黄金价格水平。随后，由于全球金融业的深化发展以及金融危机后各国央行大量地投放流动性，使得加权马歇尔 K 值迅速攀升，宏观流动性也开始过剩，黄金价格开始快速上升，2011 年曾达到 1900 美元/盎司的高位。

表 5 – 3 模型回归结果

变量	系数	t 值
a	– 909.054	– 5.17 [*]
K	1589.650	8.27 [*]
R^2	0.695	
F 统计量	68.443	
Durbin – Watson 值	0.247	

注：＊表示 1% 的显著性水平。

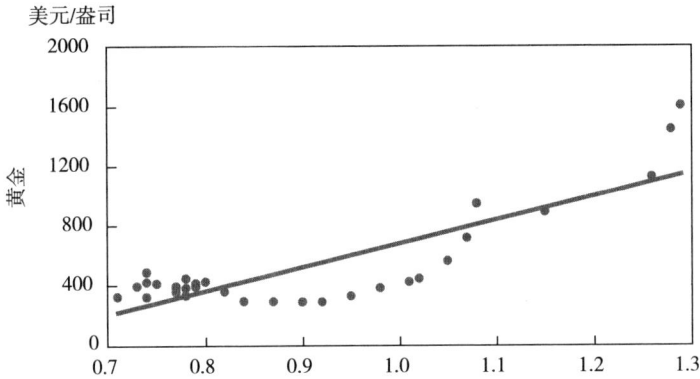

图 5－3 加权马歇尔 K 值与黄金价格回归结果

从表 5－3 中，我们看到模型的 Durbin－Watson 值不是很好。因此，我们在随后还进行了加入一阶滞后项的回归模型如下：

$$GOLD_t = \alpha + \beta_1 K_t + \beta_2 GOLD_{t-1} + \varepsilon \qquad (5-3)$$

其中，$GOLD_{t-1}$ 为 $t-1$ 时的黄金价格，根据模型回归结果表 5－4，我们发现模型（5－3）的回归结果（t 值、F 值以及 Durbin－Watson 值都有明显改善）比模型（5－2）效果更好。从表 5－4 我们可以看出黄金价格还受其前一期价格的影响，因此，模型（5－3）能更好地用于黄金定价研究。

表 5－4 滞后一阶模型回归结果

变量	系数	t 值
a	－299.940	－3.73*
Gold$_{(t-1)}$	1.032	13.61*
K	358.005	3.08*
R^2	0.959	
F 统计量	335.920	
Durbin－Watson 值	2.159	

注：＊表示 1% 的显著性水平。

5.4　结论

本章我们研究了宏观流动性对黄金价格的影响，数据分析表明两者有很强的正相关，这表明宏观流动性的扩张能极大地增加黄金的投资需求，从而对黄金价格产生正面的推动作用。对于未来的黄金价格，就更长的趋势而言，我们对黄金价格持有乐观的预期，因为一方面，全球经济已陷入只能依靠不断放宽货币来刺激经济增长的"恶性"循环当中，货币"印刷"速度＞经济发展速度＞黄金生产速度的格局仍将持续，金价将不断被推高；另一方面，以中国、印度为代表的发展中国家兴起，将为全球经济注入更多的流动性，而这些流动性也将成为支撑黄金价格长期上涨的另一个关键因素。

第六章
实际利率预期与黄金定价模型

　　金融资产往往带有一定的孳息，金融资产的定价也因此可以通过未来的现金流贴现来进行定价。比如，股票资产每年有定期的股息；债券也有定期的票面利率；现金资产往往存入银行也能收到一定的利息；房屋出租还能产生租金。而黄金资产在这一点上与这些金融资产有比较明显的区别，它不产生任何孳息。基于这种特殊的情况，我们认为实际利率的变动会对黄金价格产生影响，并在此提出黄金的一个全新定义：黄金是一个超国家主权信用的、永不到期的、无息债券。作者多年的研究认为这是对黄金定价最深刻的一句话，希望读者能够通过本章的阅读领会到这一点。

　　在此我们将实际利率定义为：名义利率 – 通货膨胀率。从逻辑上说实际利率一方面反映了整个市场的利率水平，另一方面又反映了市场的通货膨胀水平，而两个因素都是影响黄金价格的重要因素。本章我们将探讨实际利率对黄金价格的影响；在研究中，我们进一步发现实际利率预期对黄金的定价将具有更高的解释力，在本模型中我们用通胀保值债券（TIPS）利率来测度实际利率预期。因此，我们也称本模型为黄金的实际利率预期模型。

6.1 实际利率与黄金价格

实际利率在整个经济周期中存在着明显的周期性规律，我们把经济周期简单地分为繁荣、衰退、萧条与复苏期四个阶段。从理论上讲，在经济繁荣时期，由于代表性产业的发展繁荣，投入产出水平处于较高状态；同时投资信贷扩张，对于资本需求量较大，真实产出的回报率也较高，因此此时的实际利率往往处于较高水平。而在衰退期，由于代表性产业的泡沫形成与破灭，产出波动较大，投资与投机信贷的需求波动较大，对于资本需求的巅峰与波谷都可能于此时形成，因此实际利率波动最大，并且可能从极高水平跌落至极低水平。在萧条期，由于代表性产业尚未形成，产出较为低迷，信贷需求萎缩，对于资本的需求量处于较低水平，真实产出回报率也较低，因此实际利率的波动减缓，整体处于较低水平。进入复苏期后，由于代表性产业的快速发展，产出及投资信贷均开始修复，对于资本的需求量快速回暖，产出回报率也有所提高，因此实际利率也有所回升。

我们知道黄金是没有收益的，而法定货币则是有收益的。在整个经济周期中，当实际利率较高时，人们往往会倾向于持有货币；而当实际利率较低时，人们往往倾向于进行实体或金融投资，由于黄金自身的优良属性使其成为重要的投资标的；而当实际利率转为负的时候，人们手中持有法定货币会因为通货膨胀而出现实际购买力的缩水，这时，投资避险的需求会使得投资者大量购进黄金，而推升其价格。因此，实际利率对黄金的价格产生重要的驱动作用。

在本模型中，我们没有使用央行的基准利率来作为名义利率，而是以中短期国债利率来作为名义利率。我们认为央行的基准利率往往基于稳健性原则而出现滞后调整，而国债利率由于在金融市场上被广泛交易，且拥有最好的流动性，因此它能够最好地反映当时的名义利率水平。在模型中我们使用 1 年期美国国债收益率来测度名义利率水平，数据的时间窗口为 2007 年 1 月至 2011 年 12 月；通货膨胀率水平使用美国 CPI 同比。因此实际利率即为 1 年期美国国债收益率 – CPI 同比数据。其在 2007 年 1 月至 2011 年 12 月的走势如图 6 – 1 所示。

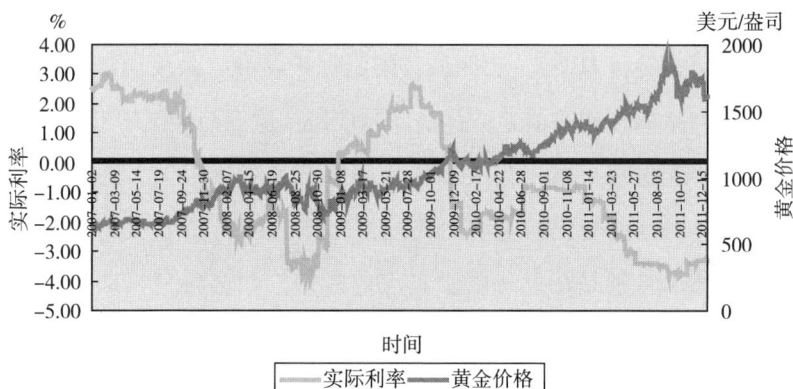

图 6 – 1 实际利率与黄金价格走势

从图 6 – 1 我们可以看出，黄金的价格走势和实际利率呈现出负相关走势，但我们通过计量软件分析得出两者的相关系数为 – 0.66，这只能算是弱相关。究其原因，我们认为可以归结为两个方面：一方面，由于 CPI 数据是月度数据，我们在处理时，比如对于 1 月 1 ~ 31 日的实际利率，我们只能使用同一个月度的 CPI 数据，这可能会带来一定程度的偏差；另一方面，黄金和债券都是资本市场的产品，金融产品往往更倾向于反映投资者对其的预期，而用来测度实际利率的 1 年期美国国债收益率 – CPI 同比具有一定的滞后性。因此，我们判断实际利率预期可能较实际利率本身更能影响黄金的价格走势。

6.2 实际利率预期与黄金价格

但如何测度实际利率预期是本章的关键，幸好金融市场上有一种债券产品——通胀保值债券，简称 TIPS（Treasury Inflation Protected Securities），它可以很好地测度实际利率预期。我们在下一节将着重分析、讨论 TIPS 以及 TIPS 走势对黄金价格的影响。

6.2.1 通胀保值债券 TIPS

通胀保值债券（TIPS），也叫通货膨胀保护债券，是美国财政部发行的与消费者价格指数挂钩的债券，其设计原理是：债券与美国的 CPI 挂钩，美国财政部每半年付息一次，当发生通货膨胀或通货紧缩时，通胀保值债券的本金会根据 CPI 的变化相应增加或减少。自 1997 年首次发行后深受市场投资者的追捧，特别是在通货膨胀高涨的时期。如金融危机以后全球的通胀形势比较严峻，美国等国债券市场对 TIPS 的需求也逐步增大，美国通胀保值债券（TIPS）的发行量呈几何倍数增长。自 1997 年 1 月首次发行至 2011 年底，美国财政部共发行了超过 90 次 TIPS，期限多为 5 年到 30 年，目前的发行规模已超过 5000 亿美元。TIPS 的发行，为投资者对冲通胀提供了良好的金融工具，同时也为测度实际利率预期提供了很好的替代变量。

关于 TIPS，国内外很多学者也对其做过深入的研究和探讨。在 TIPS 尚未发行之前，Litterman 和 Jose（1991）就提出一种能防御通货膨胀的债券的可行性和必要性，这为 TIPS 的思路开创了一条可行的研究路径。Roll（1996）细致研究了美国国债通胀指数债券（U. S. Treasury Inflation – Indexed Bonds）的可行性，并认为这类债券设计得当的话，可能会成为风险最低的固定收益资产，甚至几乎没有违约风险和利率风险。我们认为这篇文章成为了推出 TIPS 的理论基础和设计雏形。关于 TIPS 的定价研究，Jarrow 和 Yildiray（2003）采用 HJM 模型为 TIPS 和相关衍生证券进行定价。他们检验了 TIPS 的市场价格和普通的美国国债市场价格，并利用利率期限结构模型中估计的参数，使用 HJM 模型对 TIPS 进行了定价研究。最后，通过对通货膨胀指数的看涨期权进行估值，说明了该定价模型的实用性。

在国外研究的基础上，国内学者也对这种债券品种进行了广泛的探讨和研究，比较具有代表性的文章如下：宋永明（2003）认为在我国 20 世纪90 年代实施保值补贴的基础上，启动通胀指数化债券可在降低债务风险、有效规避通货膨胀风险方面发挥重要作用。张彦（2006）通过比较美国、英国、日本、澳大利亚等国历史上发行的各种通胀指数债券，总结了各类通胀指数债券的运作机制。文章对中国债券市场发展通胀指数化债券提出了建议，并对在中国推出通胀保值债券进行了相关的设计研究。陈文殊和申世军（2011）研究了国外通胀指数债券市场的发展，以美国 TIPS 为例，全面分析了 TIPS 的发展现状、特征，并从投资者、发行人的角度出发分析了通胀保值债券（TIPS）受到广泛欢迎的原因所在。文章同时结合当时中国通胀处于高位的实际情况，提出推出通胀指数债券非常有必要，并且具有很强的可操作性。

6.2.2 通胀保值债券 TIPS 收益率与黄金价格

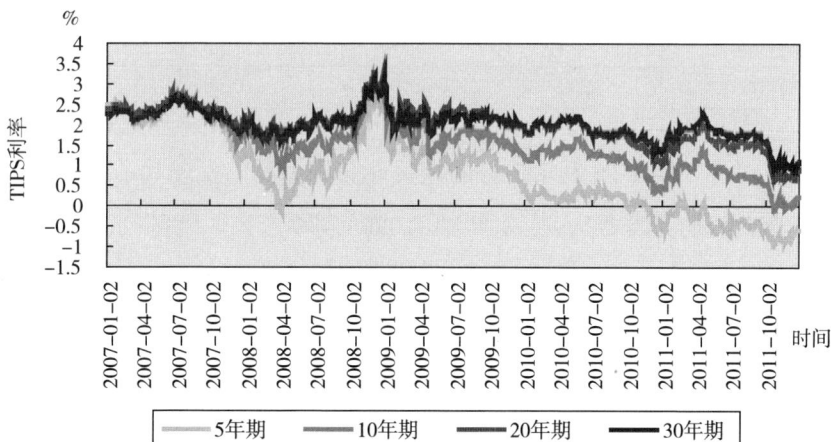

图 6 - 2　各期限 TIPS 利率走势

　　根据前文的介绍，通胀保值债券（TIPS）的发行品种包括 5 年期、10 年期、20 年期和 30 年期，其均能反映市场对不同时间区间的实际利率预期。通过观察图 6-2，我们能够看出四个品种的利差尽管处在不断变化的过程，但其利率趋势非常一致，通过相关性分析也表明各个品种相互之间的相关性都非常高。

　　从表 6-1 可以看到，各年期 TIPS 利率走势相关性均为强的正相关，比如 5 年期 TIPS 利率和 10 年期 TIPS 利率走势的相关性达到了 0.96。通过观察，我们可以看到各年期 TIPS 利率走势相关性最高为 0.96，最低也达到了 0.82。同时，我们还发现，相近年限的 TIPS 利率相关性高于较远年限的 TIPS 利率相关性。比如 5 年期和 10 年期的相关性为 0.96，而 5 年期和 30 年期的相关性为 0.82；再比如 10 年期和 20 年期的相关性也为 0.96，而 10 年期和 30 年期的相关性为 0.91。

表 6-1　各期限 TIPS 利率走势相关性

期限	5 年期	10 年期	20 年期	30 年期
5 年期	1.00	0.96	0.88	0.82
10 年期	0.96	1.00	0.96	0.91
20 年期	0.88	0.96	1.00	0.96
30 年期	0.82	0.91	0.96	1.00

　　通过对各年期 TIPS 利率走势的相关性分析，我们发现其走势有趋同的特征，因此我们只需要选取一种年期的 TIPS 利率走势来代表实际利率预期，来研究其对黄金价格走势的影响。我们认为期限较短的 TIPS 利率走势更能反映短期的实际利率预期，因此，在本章我们用 5 年期的 TIPS 利率走势来反映实际利率预期。通过简单的相关性分析，我们发现的确 5 年期的 TIPS 利率与黄金价格的相关性达到 -0.91，这远高于实际利率与黄金的价格走势的相关性 -0.66，说明实际利率预期较实际利率更能影响黄金价格的走势。接下来我们将通过计量经济模型来研究实际利率预期对黄金价格的影响。

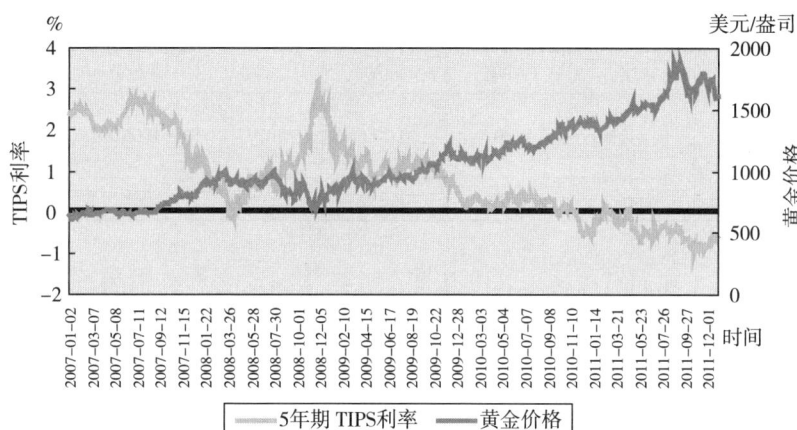

图 6-3 实际利率预期（5 年期 TIPS 利率）与黄金价格走势

6.3 模型及实证

本节选取 2007—2011 年的 5 年期 TIPS 利率以及黄金价格数据来进行定价研究。我们选取伦敦黄金现货定盘价格日数据。从表 6-2 中我们看到样本内的 5 年期 TIPS 利率均值为 0.84%，最小值为 -1.052%，最大值为 3.195%，这说明这期间的实际利率均值 0.84%，实际利率最小值为 -1.052%。结合图 6-3，我们知道金融危机以后，为了刺激国内经济复苏，美国采取了超低利率以及两轮量化宽松（QE）政策和一次扭转操作（OT），这使得实际利率处于负值水平。其间的黄金价格均值为 1069 美元/盎司，最低价格为 608 美元/盎司，最高价格为 1891 美元/盎司。结合图6-3，我们可以看出近年来黄金价格一直处于上行趋势，特别是在金融危机以后，我们认为其根本原因就是金融危机后实际利率的一路下行。

由于 5 年期 TIPS 利率和黄金价格均为时间序列数据，我们先进行平稳性检验。我们以 $GOLD_t$ 表示第 t 日的价格数据，数据来自 Wind 数据库，5 年期 TIPS 利率记为 $TIPS_t$，数据也来自 Wind 数据库。

表6-2　5年期 TIPS 利率和黄金价格描述性统计

名称	均值	标准差	偏度	峰度	最小值	最大值
5 年期 TIPS 收益率	0.840%	1.007	0.271	2.077	-1.052%	3.195%
黄金价格	1069	318	0.629	2.463	608	1891

　　从图6-3我们可以初步看出其各个数据序列均具有一定的趋势性，而从图6-4我们可以看出其一阶差分则类似于白噪声的情形（见图6-4，我们分别用 *D_GOLD*、*D_TIPS* 表示黄金价格、5 年期 TIPS 利率的一阶差分）。从 TIPS 收益率一阶差分有两次较大的向下波动，主要原因是美联储进行的两次量化宽松政策使得实际利率在短期内出现大幅下降所致。

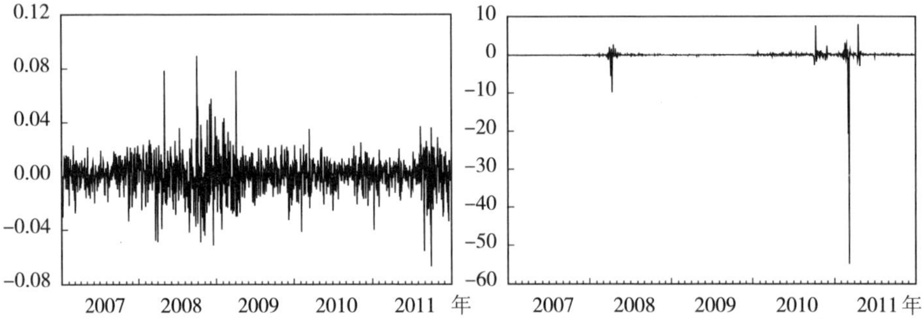

（a）黄金一阶差分　　　　　　　　（b）TIPS收益率一阶差分

图6-4　时间序列数据的描述性统计

　　下面我们对各个时间序列进行单位根检验。ADF 检验表明各个序列的价格数据均为非平稳的时间序列；而一阶差分后的数据在 1% 的显著性水平下均拒绝存在单位根的假设，即上述一阶差分数据都是平稳的，且均为带趋势项和截距项的一阶差分平稳，具体检验情况可见表6-3。

表 6 – 3 模型数据平稳性检验结果

名称	$GOLD_t$	$TIPS_t$
ADF 统计量（p 值）	– 2.724（0.227）	– 2.731（0.224）
名称	D_GOLD_t	D_TIPS_t
ADF 统计量（p 值）	– 25.024（0.000）	– 25.526（0.000）

由于上述序列数据都是 1 阶单整序列，因此我们对其进行协整检验，协整检验表明 5 年期 TIPS 收益率和黄金价格存在协整关系。

表 6 – 4 协整检验结果

名称	Eigenvalue	Trace 统计量	5% Critical Value	P 值
无协整	0.014	21.011	20.263	0.039
至少一次协整	0.003	3.948	9.165	0.420

接下来，对 GOLD、TIPS 建立的回归模型如下：

$$GOLD_t = \alpha + \beta TIPS_t + \varepsilon \qquad (6-1)$$

其中，$GOLD_t$ 为 t 时黄金价格，$TIPS_t$ 为 t 时 5 年期 TIPS 收益率。

模型回归结果如表 6 – 5 所示。由表的各项统计值可知模型效果非常好，我们可以看出：黄金价格与 5 年期 TIPS 收益率存在非常显著的负相关关系，当 5 年期 TIPS 收益率每下降 1%，黄金价格将上涨 286 美元/盎司，按照业界的说法，5 年期 TIPS 收益率每下降 1 个基点（0.01%），黄金价格将上涨 2.86 美元/盎司；当 5 年期 TIPS 收益率为零的时候，即实际利率预期为零的时候，黄金的价格为 1410 美元/盎司，这可以看作是中期黄金价值的中轴，为投资者提供了一种对黄金估值的观点（由于采用样本的关系，以上回归系数不一定能 100% 反映未来黄金价格的精确走势，但这一模型反映的趋势绝对正确）。通过此模型，实际上当我们知道黄金价格时，也可以反过来推算市场隐含的实际利率预期。

表 6 - 5 模型 1 回归结果

变量	系数	t 值
TIPS	- 286. 468	- 75. 06 *
A	1410. 001	261. 66 *

注：*表示1%的显著性水平，**表示5%的显著性水平。

此外，我们也对 GOLD、TIPS 和实际利率，建立了回归模型如下：

$$GOLD_t = \alpha + \beta_1 TIPS_t + \beta_2 Rr_t + \varepsilon \qquad (6-2)$$

其中，$GOLD_t$ 为 t 时黄金价格，$TIPS_t$ 为 t 时 5 年期 TIPS 收益率，Rr 表明当期的实际利率水平，根据模型回归结果表 6 - 6，我们发现其效果还不如模型（6 - 1），实际利率的 t 值不显著，这也再次验证了实际利率预期比实际利率本身对黄金价格影响更为显著。

表 6 -6 模型 2 回归结果

变量	系数	t 值
TIPS	- 285. 482	- 51. 19 *
Rr	- 0. 663	- 0. 024
A	1308. 684	177. 10 *

注：*表示1%的显著性水平，**表示5%的显著性水平。

6.4 结论

本章提出了对黄金的一种全新定义：黄金是一个超国家主权信用的、永不到期的、无息债券。并分别研究了实际利率、实际利率预期对黄金价格的影响，发现以 TIPS 利率作为代表的实际利率预期更能影响黄金价格，这也再一次验证了金融市场中影响因素的预期比影响因素本身更能影响资产的价格。经过实证研究说明尽管黄金不能产生利息，但实际利率预期的确对黄金价格产生非常明显的负向影响。较高的实际利率预期对黄金价格形成一定的压制作用；当实际利率下降时，黄金价格将会上涨；而当实际利率为负时，黄金价格往往出现大幅上涨。这一结论也被实际中黄金市场价格的走势所证实。同时，我们还为后来的研究者提供了一种通过黄金价格走势反推隐含实际利率预期的思路。

第七章
金融危机期间的黄金三因素模型

在本章，我们首次提出了在金融危机期间黄金的三因素定价模型，分析这期间黄金的价格驱动因素。在 2007 年 8 月以来的次贷危机以及随后的金融危机中，黄金表现出了较强的货币和避险属性，全球投资者对其价格走势表现出了极大的关注，其价格也出现了和普通大宗商品（如原油、铜）相异的走势。

就当前货币体系下的黄金定价问题，国内外学者从不同的思路出发对黄金市场收益、风险及黄金定价问题进行了有益的研究。现有文献的普遍缺陷在于：大部分文献是从某一单一角度出发（参见本书第一章，如通货膨胀的影响，投资、投机需求的影响，汇率的影响等）去研究黄金的定价问题，它们较多地考虑其货币属性和大宗商品属性，而较少考虑其投资避险属性；同时，由于过去的文献较早，因此无法引入一些新的金融指标和资产价格来考虑黄金的定价模型，这些新的金融指标和资产价格能更有效地反映相关的宏观、市场因子对黄金价格的影响，如大宗商品 CRB 指数能综合反映全球大宗商品走势，通胀保护债券 TIPS 收益率能有效测度实际利率预期，美国国债 CDS 利差能有效反映政府（现行货币体系）信用违约的概率。

而我们引入这些新的金融指标和金融产品，构建了一个金融危机期间的，并且综合考虑了黄金大宗商品、货币和投资避险属性的三因素定价模型,将黄金的价值分解为:大宗商品基准价值、基于汇率的"隐性货币价值"和主权国家信用违约的风险溢价,并分别以大宗商品 CRB 指数、美元指数和美国国债 CDS 利差等资产价格作为代理变量对其进行定价研究。

本章的第一节对相关黄金数据进行描述性统计分析,探讨金融危机期间黄金价格的收益及波动性特征;第二节分析黄金价格与大宗商品 CRB 指数(体现黄金大宗商品属性)、美元指数 USDX(体现黄金货币属性)和美国国债 CDS 利差(体现黄金避险属性)的关系;第三节提出一个综合考虑了黄金商品、货币和避险属性的三因素定价模型,并用向量自回归(VAR)模型对其进行计量分析;第四节为本章结论。

7.1 金融危机期间的黄金价格

金融危机期间,全球经济、金融形势会发生急剧变化,各类资产价格出现剧烈波动。黄金作为一类重要资产,其价格变化受到投资者的广泛关注,成为金融危机期间衡量风险溢价及危机程度的一个重要市场指标。我们使用 2007 年 8 月 1 日(次贷危机第一波开始)至 2009 年 6 月 30 日(金融市场剧烈波动结束)的黄金价格数据进行分析研究。

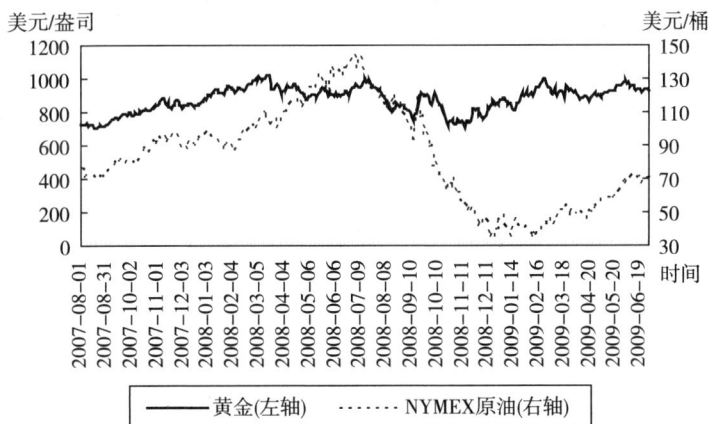

图 7-1 黄金与 NYMEX 原油价格走势

从这期间黄金与 NYMEX 原油和 LME 铜的价格表现可以看出（图 7 - 1、图 7 -2）：黄金价格表现出较弱的大宗商品属性和较强的货币属性。在 2008 年下半年大宗商品的大幅下跌过程中黄金表现出较强的抗跌性；2009 年上半年大宗商品的反弹过程中黄金也表现平稳。表 7 - 1 的描述性统计表明：其间的黄金价格收益率为正，而原油、铜均为负；波动率更能说明问题，其间原油和铜的价格都经历了巨幅波动，年波动率分别达到了 57. 97% 和 45. 50%，而黄金的价格波动率相对较为稳定，为原油和铜的价格波动率一半左右。

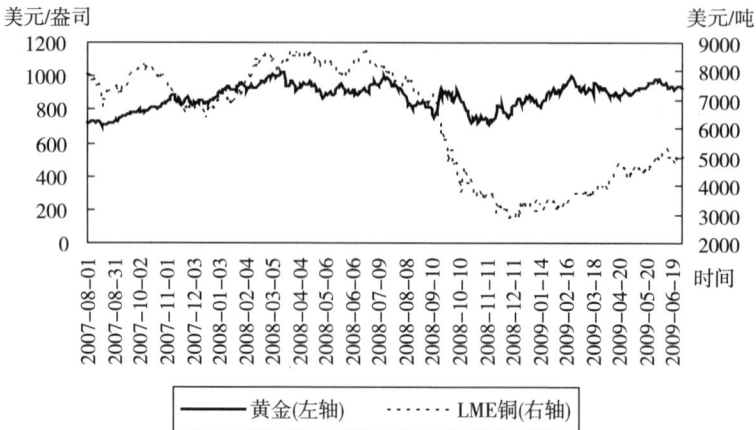

图 7 - 2　黄金与 LME 铜价格走势

表 7 - 1　黄金、原油、金属铜收益率描述性统计

	均值	中值	波动率	偏度	峰度	Jarque – Bera
黄金	0. 05%	0. 1%	26. 81%	0. 256	5. 564	139. 931
原油	- 0. 02%	- 0. 01%	57. 97%	0. 195	5. 713	153. 690
金属铜	- 0. 09%	- 0. 07%	45. 50%	0. 215	7. 390	398. 145

Kernel 密度统计表明：样本区间的黄金收益率数据右偏且存在尖峰胖尾现象，这类似于大量文献发现的股价收益率的情况（见图 7 -3）。我们再来检验黄金价格波动率的特征，我们使用 Nelson（1991）的 EGARCH 模型，

一方面检验其聚类性、长记忆性[1]，另一方面检验其对信息冲击的反应是否存在非对称性[2]。

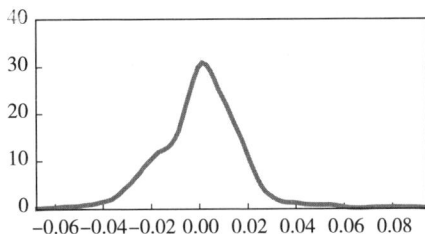

图7-3 黄金价格收益率的 Kernel 密度统计

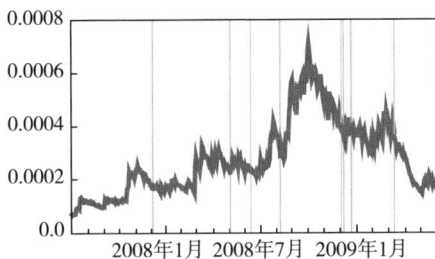

图7-4 黄金的 EGARCH 模型波动率

我们用 EGARCH（1，1）模型来估计波动率，模型表示如下：

$$r_t = \mu + \varepsilon_t \tag{7-1}$$

$$\varepsilon_t = \sigma_t Z_t, Z_t \sim N(0,1) \tag{7-2}$$

$$\ln\sigma_t^2 = c + \alpha \left| \frac{z_t}{\sigma_t} \right| + \lambda \frac{z_t}{\sigma_t} + \beta\ln\sigma_{t-1}^2 \tag{7-3}$$

---

① 波动率的聚类性：指波动率往往在较大幅度波动后面伴随着较大幅度的波动，在较小幅度波动之后面紧接着较小幅度的波动。

② 波动率的非对称性：指同等强度的利空消息比利好消息导致的市场波动更大。最早由 Black（1976）提出这一现象：负面冲击比同等程度的正面冲击的波动率要高，他首次使用"非对称性"这一术语来描述这种现象。Nelson（1991）提出 EGARCH 模型，将其与 GARCH 模型很好地结合在一起。

其中，在均值方程（7－1）中，r_t 表示黄金在区间 t 上的收益，其均值为常数 u。在方差方程（7－3）中，a 表示新息（innovation），λ 表示非对称性（asymmetry），β 表示持续性（persistence）。EGARCH 模型可以很好地刻画资产价格的波动率，它赋予最近的价格变化更高的权重，且考虑了波动率的非对称性（利好、利空消息对波动的影响程度不同）。使用 2007 年 8 月至 2009 年 6 月的黄金价格数据，我们得到黄金的 EGARCH（1，1）模型如下：

$$r_t = 0.00071 + \varepsilon_t \qquad\qquad (7-4)$$
$$(0.312)^{①}$$

$$\ln\sigma_t^2 = -0.241 + 0.088\frac{|z_t|}{\sqrt{\sigma_t^2}} - 0.028\frac{z_t}{\sqrt{\sigma_t^2}} + 0.978\ln\sigma_{t-1}^2 \quad (7-5)$$
$$\quad(0.002)\qquad\quad(0.003)\qquad\quad(0.137)\qquad\qquad(0.000)$$

从方差方程（7－5），我们可以看出：在 EGARCH（1，1）模型中，非对称项 λ 的 p 值不显著，这说明黄金价格对信息冲击并不存在非对称效应，这是比较让人吃惊的结论，其和大量文献［见岳朝龙（2001）、胡海鹏和方兆本（2002）、陈千里和周少甫（2002）］反映的股票波动率非对称性结论不一致[②]。究其原因，我们认为：金融危机期间，"任何坏消息对黄金市场并非坏消息"。β 项系数为 0.978（接近 1），且 p 值很显著，反映出黄金市场的波动率具有很强的聚类性和长记忆性，这从图 7－4 中也能明显地看出。

---

① 方程（7－4）（7－5）括号中的值为 p 统计量。
② 岳朝龙（2001）、胡海鹏和方兆本（2002）、陈千里和周少甫（2002）均发现股票市场存在显著的波动率非对称性现象。

7.2 定价思路及变量选取

7.2.1 定价思路

由于黄金的特殊性，其定价研究不能通过传统的对大宗商品的供给需求方法来进行。原因有两个方面：第一，从供给方面来看，每年黄金的供给产量对黄金价格的影响基本可以忽略不计。第二，从需求方面来看，我们把需求分为有效需求和金融需求。有效需求主要包括工业、医学、建筑等领域的需求，这些领域的黄金消费从实际效用出发，而它们的消费有效减少了流通领域的黄金；而金融需求（主要包括央行储备、ETFs、投资等）并不减少流通渠道中的黄金供应量，这些需求随着市场的波动可快速在资本市场上变动，同时这部分需求的驱动来自预期收益的波动。从这几十年来的趋势来看，黄金的有效需求在不断地减少，而其金融需求却与日俱增，特别是金融危机以来这一趋势得到进一步加强。因此，黄金的定价需要更多地从货币体系、资本市场内去寻找其驱动变量。

我们的定价思路基于以下两点：第一，随着金融市场的深化发展，越来越多的新型金融产品、指数被创造出来以反映一些过去比较难以直接度量的宏观因子，如：CDS 利差能直接反映标的产品的信用违约概率，美国国债 CDS 利差能有效反映现行政府信用货币体系违约的概率。第二，金融市场的深化发展使得各类金融资产价格的市场有效性更强（包括汇率市场、固定收益市场、大宗商品市场、股票市场等），由于各类资产价格均是实体经济信息和宏观经济政策的映射，这使得各类资产之间必然存在着相关性或驱动性。

7.2.2 黄金与大宗商品 CRB 指数

黄金是饰品业、工业和现代高新技术产业的重要原材料来源之一，因此它具有大宗商品的属性。其商品属性为黄金价值提供了基准，为了测度其商品价值，我们选取大宗商品 CRB 指数来测度其商品价值。CRB 指数（商品研究局期货价格指数）是综合度量原油、大豆、铜、活牛、咖啡等核心商品价格水准的指标，反映出商品市场价格的整体情况。图7－5显示了黄金价格与 CRB 指数走势的相关性。我们发现：在金融市场比较平和的时候，黄金价格和 CRB 指数走势比较一致；但当金融市场出现危机的时候，如 2008 年底至 2009 年上半年，两者的走势出现较大的背离。这其中背离的部分正是其货币属性和避险属性的体现，我们将在下文中予以深入探讨。

图7－5　黄金价格与 CRB 指数走势

7.2.3　黄金与美元指数 USDX

黄金的货币属性是由于黄金在历史上曾作为货币体系的重要组成部分被人们所接受。尽管在现代金融体系中，黄金已被非货币化，但其仍然是各国外汇储备的重要组成部分，因而仍具有一定的隐性货币价值。我们考虑黄金的主要计价单位为美元，而其在布雷顿森林体系中曾与美元直接挂钩，美元的汇率变化对其价格具有显著的影响。在反映美元汇率变化的经济指标中，美元指数 USDX 是一个非常有效的指标①。它是指美元与英镑、欧元、日元、加拿大元、瑞典克朗以及瑞士法郎等货币汇率的加权平均②。其综合反映了美元在国际外汇市场的汇率，用来衡量美元对一篮子货币的汇率变化程度，可以认为它是基于一系列"货币篮子"的美元的公允价值。

美元指数 USDX 的变动可以很好地反映黄金价格中基于汇率（货币篮子）的那部分"隐性货币价值"，它体现了美元与黄金在现行货币体系中"隐性货币价值"的比价关系。从变量的逻辑上讲，美元升值会让黄金贬值、美元指数上涨。因此，理论上黄金价格和美元指数 USDX 负相关。从图 7-6 可以看出：两者呈现较为明显的负相关关系。一个有意思的现象是：2008 年 12 月至 2009 年 3 月（图 7-6 中椭圆区域），两者曾出现过正向关系，这似乎有悖常理，但这和我们模型的逻辑体系并不冲突。

此时正是黄金的第三种属性——避险属性体现得最突出的时候。当时全球货币体系出现短暂"休克"，大量避险资金涌入美国国债市场和黄金市场，因此造成了美元指数和黄金的同涨。我们可以认为其间美元指数的上涨使得黄金的"隐性货币价值"下降，但其避险价值随着现行货币体系的短暂"休克"增长更快，因而两者的综合叠加使得黄金表现出与美元指数短期同涨的情形。

---

① 有研究表明：1982—1990 年的数据反映出：欧洲国家之间汇率变动对黄金价格影响显著；1991—2004 年的数据反映出：美元对欧元和日元的汇率变动对黄金价格影响显著。因此，模型中使用美元指数。

② 美元指数中，6 种货币权重分别为：英镑 11.9%，欧元 57.6%，日元 13.6%，加拿大元 9.1%，瑞典克朗 4.2%，瑞士法郎 3.6%。人民币不在其中。

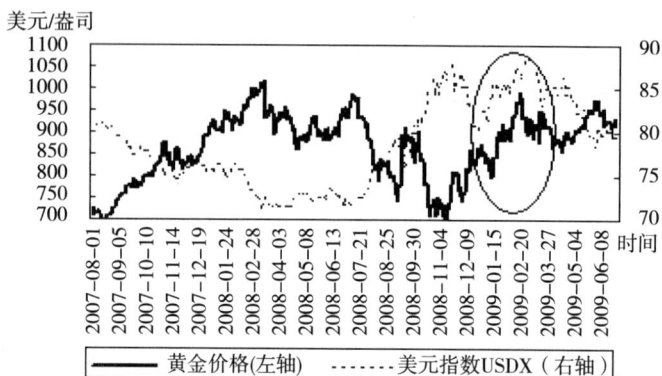

图 7 - 6　黄金价格与美元指数 USDX 走势

7.2.4　黄金与美国国债 CDS 利差

金融危机期间，投资者对现行信用货币体系的稳定性出现了质疑，黄金作为"天然货币"，具有超主权的避险属性。随着次贷危机的逐步恶化，各国大型金融机构不断爆出巨额亏损，整个金融系统出现流动性枯竭，各种拆借利率及利差（如 Libor - OIS，Ted 利差等，见图 7 - 7）大幅上行：作为反映全球银行体系拆借成本的 Libor - OIS（3 个月）最高达到了 3.64%，反映国际金融市场避险情绪的 Ted 利差，更是达到 4.63% 的超高水平①。市场对当时的货币体系产生了不小的疑虑，而黄金作为"天然的超主权货币"，其避险价值大幅上升。

---

① Libor - OIS，Ted 利差都超出正常时期利率水平的 10 倍以上。

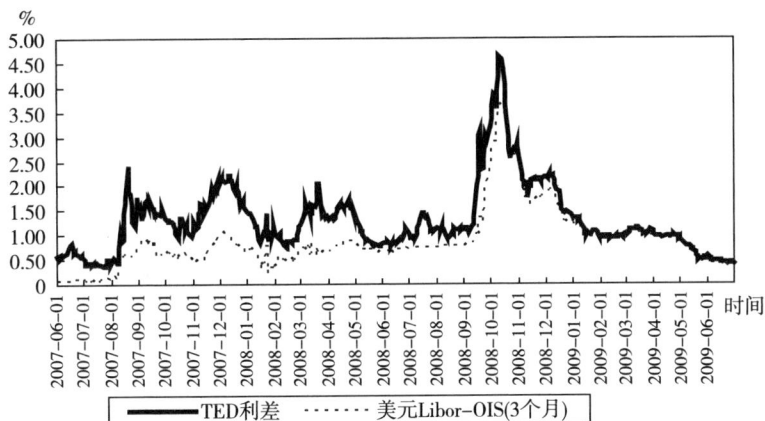

图 7 – 7   TED 利差和美元 Libor – OIS （3 个月） 走势

由于黄金的避险价值能够在很大程度上反映信用货币体系的稳健性，而信用货币体系背后是主权国家信用，因此我们又将黄金的避险价值称为"主权违约风险溢价"。我们知道风险溢价（risk premium）是很难直接测度的概念，如何度量其"主权违约风险溢价"是一个值得思考的问题。

国家主权国债 CDS 为我们提供了一个能够度量国家信用的指标，它的走势反映出一国国债违约率的变化，体现了国家信用体系的状况。例如，如果一国国债 CDS 上行，则市场认为该国国债违约风险上升，也就意味着该国国家信用质量的下降。本模型以美国国债 CDS 利差来度量黄金"主权违约风险溢价"，美国国债作为世界上信用等级最高的资产，其国债 CDS 利差的走势能反映出全球主权国家违约风险的变动。美国国债 CDS 利差和黄金"主权违约风险溢价"有着非常一致的正相关关系，其理论上的逻辑关系体现为：美国国债 CDS 利差上行，表明美国国债的违约风险增大，美国国家信用违约风险上行，反映出以纸币信用为基础的现行货币体系的违约风险增大，使得黄金作为货币保值最后选择的避险价值增大。从图 7 – 8 中我们可以看出：在金融危机最严重的时期，黄金"主权违约风险溢价"体现得最明显，其走势和美国国债 CDS 利差几乎一致。

美元/盎司

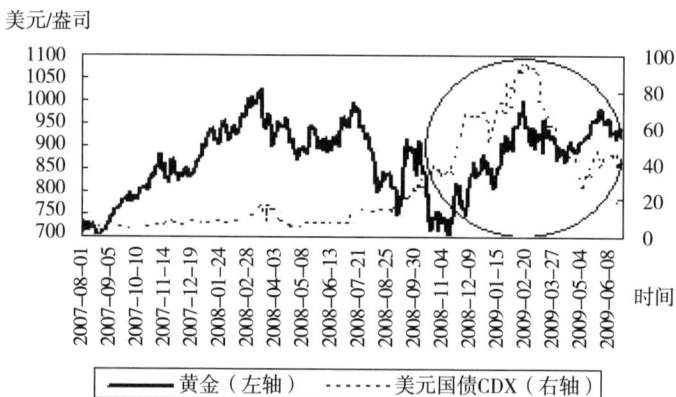

图 7-8　黄金价格与美国国债 CDS 利差走势

7.3　模型及实证

7.3.1　数据

我们将选取次贷危机和金融危机期间的黄金数据、CRB 指数数据、美元指数 USDX 数据和美国国债 CDS 利差数据来进行黄金定价研究。2007 年 8 月，次贷危机及随后的金融危机开始席卷全球金融机构，国际著名投行（Bear Stearns、Lehman Brother 等）、大型房地产贷款机构（Fannie Mae、Freddie Mac 等）、其他大型金融机构（AIG 等）先后倒闭或破产。全球金融市场出现大幅波动，实体经济也出现"30 年代大萧条"以来的最大规模衰退。黄金资产价格在金融危机期间受到投资者的极大关注：一方面，它是表现最好的几类资产之一；另一方面，它成为衡量全球资产价格风险溢价（risk premium）的重要指标，黄金价格飙升往往意味着权益类资产（如股票）风险溢价水平上升，投资者对承受风险要求的投资回报率上升，资产价格便会出现下跌。

在具体数据选取方面，考虑到黄金收盘价格易被操纵，防止出现"窗饰效应"，我们选取伦敦标准黄金现货下午定盘价格的日数据，以 $GOLD_t$ 表示第 t 日的价格数据，数据来自 Wind 国际现货黄金；CRB 指数、美元指数 USDX 分别记为 CRB_t 和 $USDX_t$，数据来自 Bloomberg；美国国债 CDS 利差选取 5 年期的美国国债 CDS 合约利差数据，记为 CDS_t，数据也来自 Bloomberg。

7.3.2 模型及实证

由于各个资产价格和指数都是时间序列数据，下面先进行平稳性检验。从图 7-5 至图 7-8 我们可以初步看出其各个数据序列均具有一定的趋势性，而其一阶差分则类似于白噪声的情形（见图 7-9，我们分别用 D_GOLD、D_CRB、D_USDX、D_CDS 表示黄金价格、CRB 指数、美元指数和美国国债 CDS 利差的一阶差分）。

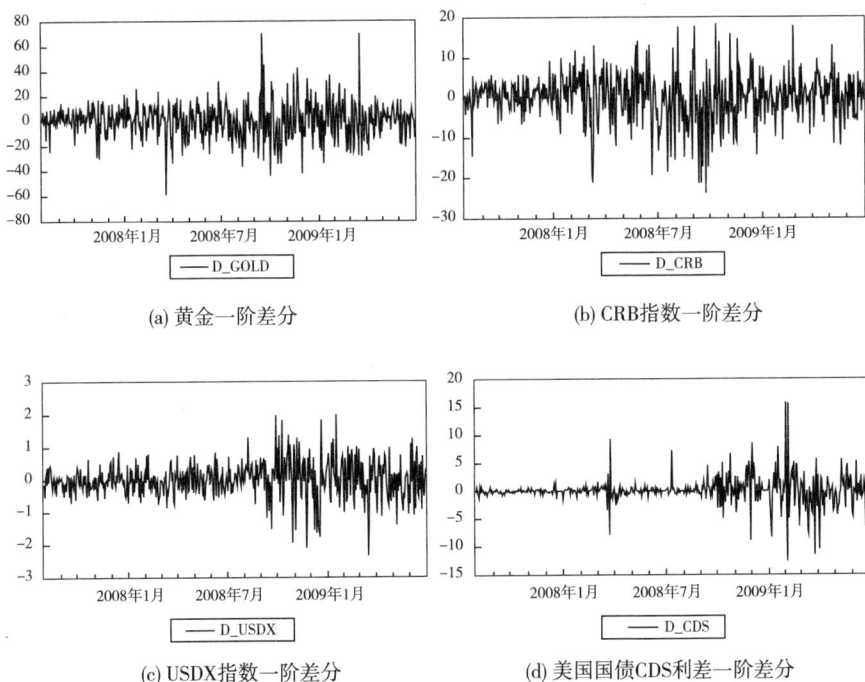

(a) 黄金一阶差分

(b) CRB指数一阶差分

(c) USDX指数一阶差分

(d) 美国国债CDS利差一阶差分

图 7-9 模型时间序列数据描述性统计

下面我们对各个时间序列进行单位根检验。ADF 检验表明：各个序列的价格数据均为非平稳的时间序列；而一阶差分后的数据在 1% 的显著性水平下均拒绝存在单位根的假设，即上述一阶差分数据都是平稳的。具体检验情况可见表 7 – 2。

表 7 – 2   模型数据平稳性检验结果

	$GOLD_t$	CRB_t	$USDX_t$	CDS_t
ADF 统计量 (p 值)	– 2. 583（0. 097）	– 0. 807（0. 816）	– 1. 283（0. 639）	– 1. 194（0. 678）
	D_GOLD_t	D_CRB_t	D_USDX_t	D_CDS_t
ADF 统计量 (p 值)	– 20. 557（0. 000）	– 21. 272（0. 000）	– 21. 314（0. 000）	– 11. 637（0. 000）

由于上述序列数据（自变量、因变量）都是 1 阶单整 I（1）序列，因此我们接下来对其进行协整检验。

Gonzalo（1994）认为，Johansen 协整检验相比单方程方法或可替代多变量方法，是一种进行多变量协整分析的更优方法。由于四个时间序列变量满足一阶差分后平稳的前提，我们可以用 Johansen 特征迹检验来分析 GOLD、CRB、USDX、CDS 之间是否具备协整关系，以及其中所含协整向量的个数，零假设为四个时序变量中含有 n 个协整向量。

由于较短滞后期的估计量更准确，于是我们选择最大滞后阶数为三，从三阶依次降至一阶来选择 VAR 模型的最优滞后阶数，使用 AIC、SC 信息准则和 LR 统计量作为选择最优滞后阶数的检验标准。结果表明滞后阶数为二的 VAR 模型 [以下用 VAR（2）表示] 各方程拟合优度最好，残差序列具有平稳性。对 GOLD、CRB、USDX、CDS 建立的二阶向量自回归模型 [即 VAR（2）] 如下：

$$Y_t = \alpha + \Pi_1 Y_{t-1} + \Pi_2 Y_{t-2} + U_t \qquad (7-6)$$

其中，$Y_t = (D\_GOLD_t \quad D\_CRB_t \quad D\_USDX_t \quad D\_CDS_t)'$，$\alpha = (\alpha_1 \quad \alpha_2 \quad \alpha_3 \quad \alpha_4)'$

$$\Pi_1 = \begin{pmatrix} \pi_{11} & \theta_{11} & \gamma_{11} & \sigma_{11} \\ \pi_{21} & \theta_{21} & \gamma_{21} & \sigma_{21} \\ \pi_{31} & \theta_{31} & \gamma_{31} & \sigma_{31} \\ \pi_{41} & \theta_{41} & \gamma_{41} & \sigma_{41} \end{pmatrix}, \quad \Pi_2 = \begin{pmatrix} \pi_{12} & \theta_{12} & \gamma_{12} & \sigma_{12} \\ \pi_{22} & \theta_{22} & \gamma_{22} & \sigma_{22} \\ \pi_{32} & \theta_{32} & \gamma_{32} & \sigma_{32} \\ \pi_{42} & \theta_{42} & \gamma_{42} & \sigma_{42} \end{pmatrix}, \quad U_t =$$

$(u_{1t} \quad u_{2t} \quad u_{3t} \quad u_{4t})'$。此模型回归结果如表 7 - 3 所示。

表 7 - 3　VAR（2）模型回归结果

	D（GOLD）	D（CRB）	D（CDS）	D（USDX）
D（GOLD（-1））	- 0. 08443 ** （ - 1. 70751）	0. 00316 （ - 0. 14672）	- 0. 00293 （ - 0. 35643）	- 0. 00155 （ - 0. 80752）
D（GOLD（-2））	0. 02172 （ - 0. 43556）	- 0. 00898 （ - 0. 42078）	0. 02680 （ - 3. 29214）	- 0. 00598 （ - 3. 13983）
D（CRB（-1））	0. 08474 ** （ - 1. 79981）	0. 04029 （ - 0. 88065）	- 0. 01643 （ - 0. 94219）	- 0. 00471 （ - 1. 15567）
D（CRB（-2））	- 0. 07454 （ - 0. 70308）	0. 01932 （ - 0. 42193）	- 0. 01110 （ - 0. 63609）	0. 00167 （ - 0. 41002）
D（USDX（-1））	- 3. 08007 * （ - 2. 38256）	0. 61657 （ - 1. 10458）	0. 30379 （ - 1. 42748）	0. 01337 （ - 0. 26861）
D（USDX（-2））	- 0. 54545 （ - 0. 41832）	- 0. 20576 （ - 0. 36547）	0. 55388 （ - 2. 58043）	- 0. 07644 （ - 1. 52292）
D（CDS（-1））	0. 27284 （ - 0. 99199）	- 0. 04911 （ - 0. 41349）	- 0. 06653 （ - 1. 46933）	- 0. 00434 （ - 0. 40970）
D（CDS（-2））	0. 53630 * （ - 1. 95664）	- 0. 12538 （ - 1. 05939）	- 0. 13743 （ - 3. 04580）	0. 01050 （ - 0. 99501）
A	0. 37183 （ - 0. 56418）	- 0. 03302 （ - 0. 11604）	0. 05636 （ - 0. 51944）	0. 00256 （ - 0. 10099）
F - statistic	2. 02700	0. 48321	3. 20973	1. 66801

注：括号内的值为 t 统计值，* 表示 1% 的显著性水平，** 表示 5% 的显著性水平。

我们主要考虑大宗商品指数 CRB、美元指数 USDX 和美国国债 CDS 利差对黄金价格的影响，因此我们主要关注表 7-3 中的第二列。由表 7-3 可知金融危机期间黄金价格的一些特征：

（1）黄金价格变化受到其自身滞后一阶的影响。

（2）黄金价格和大宗商品指数 CRB 滞后一阶、美元指数 USDX 滞后一阶、美国国债 CDS 利差滞后二阶存在着协整关系，这说明它们由于受相同的宏观信息冲击，价格具有某种内生性，并且说明大宗商品指数 CRB 和美元指数 USDX 前一天的信息对黄金价格具有一定的解释能力。

（3）美国国债 CDS 利差前两天的价格信息较前一天的价格信息对黄金价格的影响更显著，我们将其归因于 CDS 属于场外衍生品，其价格传导机制存在一定的时滞性。

（4）美元指数 USDX 的变化对黄金价格有着显著的负面影响：当美元升值时，会引起黄金价格下跌；反之亦然。

（5）大宗商品指数 CRB、美国国债 CDS 利差对黄金价格有着显著的正面影响：当大宗商品指数 CRB 指数上行时，往往通胀预期比较强烈，此时黄金价格会随之上行；当美国国债 CDS 利差上行时，意味着国债违约率增加，此时投资者避险情绪加重，黄金价格也会上行。

7.4 结论

金融危机使得"非货币化"后的黄金重新成为一类重要的资产，并且被市场赋予了更多的货币属性和投资属性。其重要性主要体现在：首先，它是资产配置中重要的一类资产，越来越多的投资者在其资产组合中增加了黄金及其相关衍生品的比例。其次，黄金资产价格作为反映投资者风险溢价水平的重要因素，通过影响资产定价的贴现因子中风险溢价水平的变化，来影响各类资产价格的变化。最后，黄金资产价格还影响着宏观决策者的政策制定：由于黄金的货币属性仍然存在，尤其在货币危机或信用货币受到质疑时，因此黄金资产价格一直是各国央行货币政策制定所要考虑的重要因素之一。

我们就金融危机时期的黄金定价问题，综合考虑了黄金的商品、货币和避险属性，将黄金价值分解为：商品基准价值、基于汇率的"隐性货币价值"和主权国家信用违约的风险溢价，并分别以 CRB 指数、美元指数 USDX 和美国国债 CDS 利差等资产价格作为代理变量对其进行定价研究。

向量自回归（VAR）模型研究表明：黄金价格和大宗商品指数 CRB 滞后一阶、美元指数 USDX 滞后一阶、美国国债 CDS 利差滞后二阶存在着显著的联系，这验证了黄金的价格是由其多重属性共同作用的结果，三个方面（大宗商品属性、货币属性、避险属性）的驱动力共同影响着黄金的价格。研究还表明：黄金价格波动率存在聚类性、长记忆性，但不存在非对称性。

第八章
战争期间的黄金定价研究

民谚有云：盛世的古董、乱世的黄金。黄金在乱世期间的价格往往出现明显上涨，充分体现了其避险的功能。本章将探讨战争期间（包括国与国之间的战争、国内战争、由亚国家组织发起的恐怖袭击），战争对黄金价格走势的影响。

8.1　战争期间黄金价格表现

据相关研究统计，1823—2003 年共发生国与国之间战争 128 起，其中欧洲 27 次，非洲 6 次，中东地区 51 次，亚洲 27 次。1818—2007 年共爆发国内战争 269 次，其中欧洲 52 次，中东地区 41 次，非洲 36 次，亚洲 65 次。1816—2004 年，其他类型的冲突共 168 次。因黄金交易市场的数据从 1968 年开始才有，因此只考虑 20 世纪 70 年代以后发生的战争。

纵观 20 世纪 70 年代以来的局部战争，究其动因主要有以下几种：大国为争夺"中间地带"，造成有利的战略态势，利用民族矛盾或历史遗留问题而策动并参与的战争；大国为保卫"后院"的安全，维护其势力范围，直接出兵干预的战争；地区霸权主义在大国支持下，进行侵略扩张的战争；反对殖民统治和国内统治阶级的战争；某些国家为了转移国内矛盾，利用边境遗留问题而挑起的战争；中小国家由于领土、宗教、民族等矛盾而引起的战争；为了排除可能的威胁，对敌对国家的重要目标实施袭击破坏的战争等。

从战争的目标、双方投入的力量、作战区域的范围来划分，大致有以下几种类型：（1）国与国之间的战争。数国间或联盟集团间在一国或数国国土上进行的地区性战争，如1973年第四次中东战争。（2）国内战争。在一国国土内进行的被压迫民族同压迫民族之间、不同政治集团之间的战争，包括民族解放战争、国内阶层战争等。（3）恐怖袭击。美国国务院这样定义恐怖主义："由亚国家组织或秘密代理人针对非战斗人员采取的有预谋、具有政治动机的暴力行动，旨在影响或恐吓直接受害人之外的更多人，其范围超过一个国家的人民或土地"，如"9·11"事件。

我们将对国与国之间的战争，国内战争及恐怖袭击这三种不同类型的冲突分别进行探讨，以便区分出这三类战争对黄金价格的影响有何不同。国与国之间的战争将选取第四次中东战争，国内战争选取利比亚内战，恐怖袭击则选择"9·11"事件分别作为代表。在分析这些战争对黄金价格的影响时，将结合战前经济状况、战争发生地、大国参与程度、战争持续时间和通货膨胀率等方面进行综合考虑。

8.1.1 国家之间的战争——以第四次中东战争为例

第二次世界大战结束后，世界上许多地区出现过动荡，但是没有一个地区像中东这样频繁发生动荡和战争。中东是当今世界的主要能源地，其石油和天然气资源极为丰富，因而也成为"兵家必争之地"。

根据资料显示，已探明的中东石油储藏量占世界总石油量的65.3%，产量占世界总产量的31%，原油净出口占世界总出口的50%。基于此，这片区域历来是各国争夺的地区，战事连连：20世纪以来，中东先后爆发了巴勒斯坦战争、苏伊士运河战争、"六·五"战争、中东战争、两伊战争、以色列入侵黎巴嫩战争、海湾战争等一系列战争，尤其第四次中东战争和海湾战争引发的石油危机，导致全球经济衰退，21世纪后又爆发了伊拉克战争（美伊第二次战争）。

这些动荡和战争严重地冲击了中东地区国际关系的建构，使阿拉伯国家长期处于动荡和分化之中，从而大大削弱了阿拉伯民族的凝聚力和阿拉伯民族与外部力量抗争的能力。中东地区的动荡也反映了外部力量对阿拉伯世界的激烈争夺和该地区内部矛盾的复杂性和尖锐性。

1967年的第三次中东战争，使阿拉伯国家丧失了大片领土。埃及、叙利亚为收复失地，进行了长达6年的军事准备。苏联、美国为了控制中东国家，都竭力维持阿以之间"不战不和"的局面，埃及和叙利亚军民对此十分不满。埃、叙领导集团为解脱内外困境，并看到战争条件已经成熟，决定向以色列开战，从而爆发了第四次中东战争。第四次中东战争是阿以关系的分水岭，它既是阿拉伯与犹太这两个民族之间爆发的最后一场大规模军事冲突，也是阿以双方解决矛盾的开端。

第四次中东战争爆发于1973年10月6日，并于1973年10月24日结束。据战争数据显示，10月6日是犹太教的赎罪日，即犹太人全天休息，埃及和叙利亚就在这天采取了突袭以色列的行动。10月5日，黄金价格收盘价在98.5美元/盎司，6日、7日由于是周末，黄金交易市场停市，到8日，黄金以102.25美元/盎司的价格高开，与5日的价格相比，涨幅为3.74%。

同年10月10日，阿拉伯和约旦加入战争，使得战争局势更加紧张，也带动了黄金价格的上涨，当天金价上涨1.7%；与9日收盘价相比，上涨3.84%。埃及和叙利亚两个前线国家获得了利比亚、沙特阿拉伯、伊拉克、科威特、阿联酋等阿拉伯产油国的支持。10月16日，这些产油国决定将油价由每桶3.01美元提高到5.12美元，涨幅高达70%，当天金价上涨0.34%。10月17日，阿拉伯石油输出国组织宣布减产，以9月各成员国产量基准按月递减5%，直到以色列撤出第三次中东战争所占领的土地为止，此消息一出，当天金价上涨0.73%。10月22日，阿拉伯石油输出国组织实施"分割作战"，将需进口中东石油的国家进行类别划分，有效防止了欧洲西方大国和日本等美国的盟国在战争爆发后支持以色列，使它们不得不奉行中立政策。当天，联合国安理会通过了《338号决议案》，呼吁埃及、以色列双方"就地停火"，埃及、以色列都表示接受停火。战争结束的信号出现，当日金价回落1.75%。24日，叙以宣布正式停火，金价再度回落1%。

美元/盎司

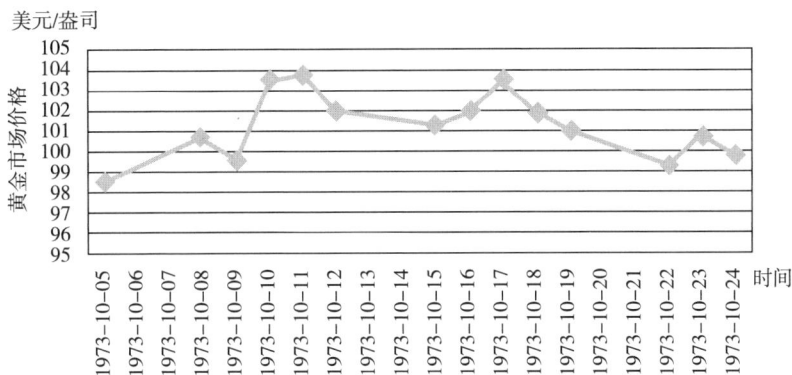

图8-1 第四次中东战争期间黄金价格走势

从前面的分析可以看到，在第四次中东战争爆发期间，金融市场对战争的预期将会影响黄金价格的走势。一般导致战争加剧的信号，都会导致黄金价格的上涨；而有助于战争结束的信息，则会导致黄金价格的回落。

战争对一国的经济冲击是非常巨大的，埃及的实际GDP年增长率从1972年的0.2%降至1973年的-1.2%。以色列的实际GDP年增长率从1972年的10.03%降至1973年的0.06%。叙利亚的实际GDP年增长率从1972年的20.88%降至1973年的-11.58%。可见，战前各国处于一个良好经济增长时期，但是战争的爆发使得双方的经济增长均明显受损。

8.1.2　国内战争——以利比亚战争为例

国内战争本指在一国国土内进行的被压迫民族同压迫民族之间、不同阶段、不同政治集团之间的战争。但是随着经济全球化进程，近年各国内战最终都会发展成为国际战争，尤其是那些发生在重要石油产出国。

2011 年 2 月 16 日，利比亚发生骚乱，标志着利比亚内战的爆发。对于此次内乱的原因，一般认为主要是由于领导人卡扎菲的专制统治，以及受到席卷中东地区的抗议浪潮的影响。3 月 19 日，美军实施的"奥德赛黎明"行动，使得原本是利比亚国内的不同派系之间引发的国内战争，演变成了以法美为首的西方国家与中东北非国家之间的国际战争。

利比亚自 2011 年 2 月 16 日发生骚乱以来，至 2 月 20 日，政府连续多天的镇压，造成 300 人死亡、逾 1000 人受伤。在内乱爆发初期，黄金价格从 2 月 16 日的 1371.25 美元/盎司涨至 24 日的 1411.5 美元/盎司。2 月 23 日，联合国安理会就爆发的反对卡扎菲政府的骚乱举行会议，会议呼吁的黎波里政府立即结束暴力行为，并向袭击者追究责任，消息一经传出，黄金价格当天上涨 0.57%。3 月 1 日，联合国大会起草了取消利比亚在人权理事会成员资格的决议，当日金价高开并上涨 0.44%。3 月 19 日，美国正式实施"奥德赛黎明"行动，19 日、20 日黄金市场休市，到了 3 月 21 日，黄金价格高开，且当天上涨 0.3%，至此，利比亚内战也演变为一场国际战争。

8 月 20 日，反对派武装开始进攻的黎波里，最终于 8 月 28 日完全占领该区域，而卡扎菲等人于 8 月 21 日逃往老家苏尔特。至此，战争已接近尾声，那么在金价上就可看出，9 月 5 日之后，黄金价格开始有所回落，10 月 23 日，利比亚执政局和民众在班加西举行庆祝全国解放的战争，标志着利比亚战争的结束。

美元/盎司

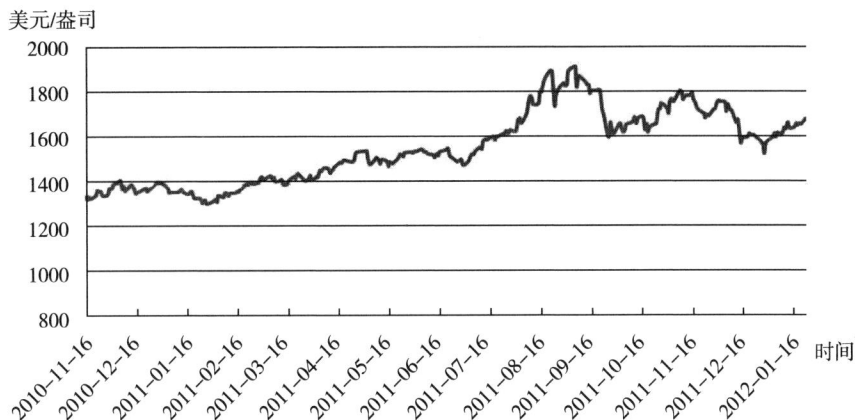

图 8－2　利比亚战争中黄金价格走势图

利比亚战争时间从 2011 年 2 月 16 日持续到 2011 年 10 月 23 日，从黄金价格走势图我们可以看到：在利比亚内乱爆发初期时，黄金有小幅上涨；之后演变为国际战争，黄金价格在 4 月后出现持续上涨势头，4 月 1 日的黄金价格为 1418 美元/盎司，到 2011 年 9 月 5 日，涨至此阶段的最高点 1895 美元/盎司。之后金价开始回落。

8.1.3　恐怖袭击——以"9·11"事件为例

"9·11"事件可以说是历史上最大的一次恐怖袭击。2011 年 9 月 11 日，19 名恐怖分子劫持了美国 4 架民航客机，并对美国的几个标志性建筑发动恐怖袭击，制造了震惊世界的"9·11"恐怖袭击事件。恐怖袭击当天的金价上涨 5.59%。恐怖袭击造成人们的心理恐惧，让金融市场担心战争一触即发。受此影响，美国短时间的零售额降低了 60 亿美元，耐用品的新订单下降 116 亿美元。

恐慌情绪结束后，消费者和商业活动开始恢复正常。消费零售业在 9 月下降了 1.2% 后，于 10 月上升了 1.2%；耐用品新订单 9 月下降了 6.8%，但 10 月反弹了 9.2%。最有趣的是，"9·11"事件之后美国国旗的需求激增，这给了当时的中国沿海出口工厂一笔创纪录的订单，中国厂家提供了

2001 年美国国旗一半以上的进口量。

总体上，商业活动的快速反弹使得美国经济几乎没有延迟地恢复到"9·11"事件之前的增长率上。尽管恐怖袭击造成了对曼哈顿地区的巨大毁坏，但 2001 年第四季度实际 GDP 增长达到了 2.7%。简而言之，消费者行为可能短期发生改变，但消费的总体规模并未受到"9·11"事件袭击的影响。因此，黄金价格在恐怖袭击结束的几天后也开始回落。

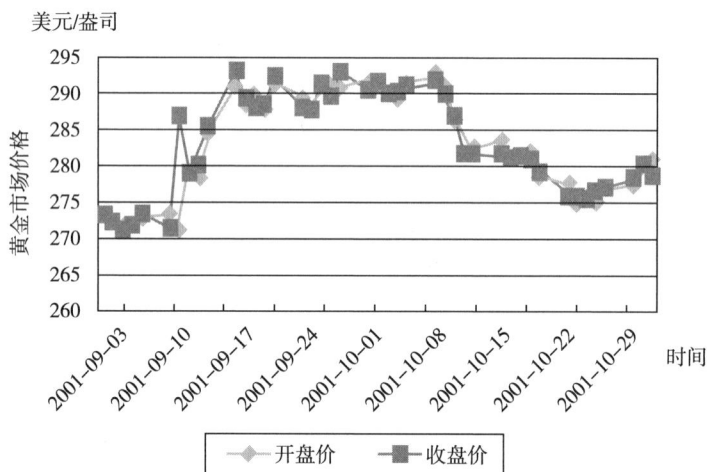

图 8-3 "9·11"事件前后黄金价格走势

8.2 战争对黄金定价的影响因素

战争对黄金定价的影响本质上是对风险出现时的黄金避险价值的定价。当一国政府的存亡受到威胁时，其主权货币实际上就有了消亡的风险，黄金作为货币替代品的角色将重新扮演出来。我们从战争对大国影响程度，战争爆发前、中、后的不同阶段，和战争时长来分析战争对黄金定价的影响因素。

战争令人恐惧，恐惧会导致市场对未来的经济发展产生负面的预期，而黄金在投资者的心目中，具有避险功能。尤其是一旦爆发战争，金融市场及所在地区都会出现抢购黄金的情形。

表8-1 战争爆发时间以及当日黄金收益率　　　单位:%

时　间	战争名称	当日金价涨跌幅
1973. 10. 06	第四次中东战争	3.74
1979. 12. 27	苏联入侵阿富汗	4.595
1980. 09. 22	两伊战争	1.597
1982. 06. 06	第五次中东战争	1.294
1983. 10. 25	美国入侵格林纳达	0.441
1989. 12. 20	美国入侵巴拿马	−0.182
1999. 03. 24	科索沃战争	0.053
1991. 06. 27	斯洛文尼亚战争	−0.137
1992. 04. 01	波斯尼亚战争	0.073
1990. 08. 02	海湾战争	−0.498
1994. 12. 11	第一次车臣战争	0.093
1999. 08. 10	第二次车臣战争	−0.195
2001. 09. 11	"9·11"恐怖袭击事件	5.589
2001. 10. 07	阿富汗战争	0.565
2003. 03. 19	伊拉克战争	0.089
2011. 03. 20	利比亚战争	0.544

从表8-1可以看到,战争爆发当天,黄金价格几乎都有不同幅度的增长,其中"9·11"事件当天的增长幅度最大,高达5.589%。其次为苏联入侵阿富汗(4.595%)和第四次中东战争(3.74%)。我们发现:战争爆发当天,黄金价格上涨的幅度比较大的几次冲突,都是对美苏等大国或国际地缘政治有重大影响的。

表8-2 战争爆发前、中、后的平均日收益率　　　单位:%

战争名称	战争爆发前半年平均日收益率	战争期间平均日收益率	战争结束后半年平均日收益率
苏联入侵阿富汗	0.427	−0.011	−0.032
两伊战争	0.200	−0.022	−0.083

战争名称	战争爆发前半年平均日收益率	战争期间平均日收益率	战争结束后半年平均日收益率
第五次中东战争	− 0.236	0.458	− 0.016
美国入侵格林纳达	− 0.083	− 0.039	− 0.044
美国入侵巴拿马	0.095	0.023	− 0.087
科索沃战争	− 0.013	− 0.157	0.072
斯洛文尼亚战争	− 0.034	0.141	− 0.045
波斯尼亚战争	− 0.030	0.013	− 0.003
海湾战争	− 0.092	− 0.015	− 0.018
第一次车臣战争	− 0.013	− 0.004	− 0.079
第二次车臣战争	− 0.090	0.020	− 0.001
"9·11" 事件	—	5.552	—
阿富汗战争	0.094	—	—
伊拉克战争	0.033	0.070	0.008 *
利比亚战争	0.085	0.455	0.127
平均收益率	0.025	0.463	− 0.017
平均收益率（扣除"9·11"事件）	0.025	0.072	− 0.017

* 由于伊拉克战争结束在 2011 年 12 月 28 日，所以战后半年平均日收益率只到 2012 年 5 月 9 日的数据。

从表 8 - 2 可以看到，（1）在战争期间，黄金价格的平均日收益率（0.463%）显著高于战争爆发前半年的平均日收益率（0.025%）；即使扣除"9·11"事件这一仅有 1 天时间的奇异值，战争期间的平均日收益率（0.072%）仍然显著高于战争爆发前半年的平均日收益率（0.025%）。（2）而黄金在战争结束后半年时间的平均日收益率几乎都为负。说明战争结束后的一段时间内，黄金价格呈现出风险解除后的回落趋势（第四次中东战争例外，因其后出现了全球石油危机，石油价格猛涨，金价也在 1974 年出现大涨）。可见，在一定程度上，战争推动了黄金价格的上涨；而当战争结束后，黄金价格即出现回落。

从表8-3可以看到，不论战争持续多久，3个月之后黄金价格的走向就看不出明显涨跌规律了。那么，从这一点可以说明：战争对黄金价格的影响具有短期性，并且战争时间的持续时间长短并未对黄金价格有明显的影响。说明战争对于黄金价格的影响主要体现在其引发的短期恐慌情绪，战争进行时间长了，金融市场也趋向于麻木，不再对战争因素产生显著反应。特别是两年后的黄金价格与战争爆发当天的黄金价格相比，涨跌幅就非常的分散，也印证了战争对黄金价格影响的短期性。

表8-3 战争爆发时长对金价的影响 单位:%

战争名称	冲突持续时间	3个月	6个月	1年	2年
第四次中东战争	18天	18.73	50.54	44.68	33.43
苏联入侵阿富汗	11年	-4.73	22.56	15.45	-25.31
两伊战争	8年	-17.71	-30.00	-42.97	-47.00
第五次中东战争	3个月	37.66	31.40	22.61	18.58
美国入侵格林纳达	50天	-8.25	-4.02	-16.19	-20.14
美国入侵巴拿马	约1个半月	-3.14	-17.30	-6.76	-14.06
科索沃战争	2个半月	-8.86	-5.14	0.21	-8.07
斯洛文尼亚战争	10天	-4.59	-3.20	-6.45	2.85
波斯尼亚战争	3年8个月	-0.13	1.31	-2.25	11.20
海湾战争	半年	-0.84	-3.62	-6.20	-7.26
第一次车臣战争	1年半	2.19	1.82	2.36	-3.27
第二次车臣战争	1年半	14.24	18.62	5.94	7.25
"9·11"事件	1天	-5.29	1.45	9.47	27.09
阿富汗战争	10年以上	-4.65	2.90	9.75	25.36
伊拉克战争	8年9个月	6.40	13.80	21.81	25.35
利比亚战争	3天	7.53	22.54	14.86	—

备注：以战争爆发当日收盘价为准。＊若当天处于休市时间，则以下个交易日收盘价为准。

8.3　结论

从 20 世纪 70 年代以来的各场主要战争中黄金价格走势分析来看，黄金确实体现出了对战争危机的明显避险属性，验证"乱世买黄金"这一谚语。本章的研究发现：（1）战争对于黄金价格的影响属于短期影响，黄金价格会在战争出现时表现出显著的上涨；但当战争结束后，黄金价格即出现回落。（2）战争时间的持续时间长短并未对黄金价格有明显的影响，即使战争是持久战，但往往战争爆发 3 个月之后，黄金价格的走向就看不出规律，说明战争对于黄金价格的影响主要体现在其引发的短期恐慌情绪，战争进行时间长了，金融市场也趋向于麻木，不再对战争因素产生显著反应。

第三部分

国际货币体系中的黄金

第九章
国际货币体系与黄金定价研究

　　我们在第二部分系统地提出了关于黄金定价的几种理论模型，我们认为有了上述几种定价模型，可以对常规状态和金融危机状态下的黄金价格进行很好的定价。但上述模型都是在现有国际货币体系不会出现变动的前提下得出的定价模型。由于自次贷危机起，先是美国，后是欧洲均出现了不同类型的危机，而以"金砖四国"为代表的新兴经济体也出现了经济的大幅波动，我们意识到次贷危机有别于过去所说的"资本主义的周期性危机"，而更多的是一种现行国际货币体系下的结构性危机——即经济发展的不平衡、全球贸易的不平衡、金融体系的不平衡。而这些不平衡固然有货币政策或财政政策的失误，但其根源我们认为是现行国际货币体系的天然缺陷，这些不平衡都是现行的以美元为核心的货币体系矛盾的集中体现。就像苹果脱手总要落地似的，只要现行国际货币体系不变，无论什么样的货币和财政政策都无法防止失衡的反复出现。我们在本章第一节先阐述本轮危机和当前国际货币体系；第二节探讨黄金与现代货币体系历史进程中的各种货币体系的关系，以及当前国际货币体系的主要问题；第三节提出未来货币体系可能的改革方向，以及在这种情况下黄金的价值将如何演变；第四节主要探讨了数字货币与黄金的关系；最后为本章的结论和展望。

9.1 次贷危机与国际货币体系

我们认为与布雷顿森林体系的时代相比，当今的世界是一个倒挂的世界，是一个不正常的时代。金融业不仅仅是经济的服务业，而是成为经济发展的主宰；金融周期取代经济周期（商业周期），主宰着实体经济与金融市场；货币不仅仅是最初商品交易的媒介，而是成为商品定价的锚；经济体之间相互交换的主要渠道不再是商品交易，而是被更为庞大的资本流动所替代。货币市场如今的交易规模要远远大于商品市场，其每天的交易量超过 3 万亿美元，1 个月的交易量就远远超出全世界一年的 GDP。

按照教科书上的基本介绍，货币有三种基本功能：交易媒介、计价单位以及财富储存手段。与布雷顿森林体系的时代相比，现行的国际货币体系事实上变成了美元本位制。世界贸易、商品定价和外汇储备用的大部分是美元。目前的美元本位制既不是各国协商创造出来的，也没有明确的规则、机制和机构来维持美元作为世界货币的义务。我们认为它是布雷顿森林体系瓦解后由于美国的一国独大和历史惰性而遗留下来的。彼时，如果必须用一个国家的货币作为世界货币，那么，确实美元最符合条件。美国拥有全球最大的经济规模、最为发达的资本市场、最为稳定的政治体制以及产权保护制度，这些都为美元的国际地位奠定了基础。但是，正如布雷顿森林体系的瓦解在 40 年前就证明：随着世界经济规模的不断扩大，即使是美元也无法单独承担世界货币的责任。在布雷顿森林体系里，美元的价值是以黄金作为担保的，一盎司可以稳定地兑换为 35 美元；而在如今的货币体系下，人们在主观意识中用美国政府的信用代替了黄金，但美国政府真的如此可靠吗？我们不知道，全世界的人民当然也不知道。

在当年的布雷顿森林体系里，黄金是天然的储蓄手段，美元的功能只是作为便利的支付手段。而在如今的国际货币体系里，美元多了一重取代黄金充当国际财富储存手段的功能。我们认为，从本质上看，美国的赤字不仅源于无节制的消费，同时还来源于要为世界经济发展提供相应的货币支持。这就是我们一直在探讨的美元的"特里芬难题"——要为世界提供美元，美国就必须负债，多印钞票；美国钞票印多了，人们就会丧失对美元的信心。这就和各国央行使用美元作为财富储存手段的目的发生了冲突。

1970 年以来，由于商品和资本输出不能完全对冲，美国政府必须对国外投资者发行国债以保证美元的信用，这就是为什么如今的美国国债已经高达了 22 万亿美元，已经超过了美国一年的 GDP。其路径如下：全球企业通过贸易得到美元，在本国须兑换成本国货币，这样美元被集中在本国央行，本国央行再通过购买美国国债，再贷给美国。美国政府将这笔美元反过来用到国内。于是，美国每发行 1 美元，在世界上实际上创造出 2 美元的信用。1 美元变为国外政府持有的债务，1 美元返回美国消费。在这个循环里，不是消费导致债务，而是债务促进消费。拿银行业来做个比喻，就是"贷款生成存款，而不是存款生成贷款"。国际上有对美元的需要，美国政府就得印钱，而印钱就必须借债。美元成了世界的美元，但美元的发行权却是掌握在美联储一个央行手里，因此很多印出来的美元并不反映美国的经济实力，但它却代表了美国所承诺的信用，这本身就是一个无法解决的矛盾。

同时，当代经济出现了一个布雷顿森林体系时没有的新特点，那就是发达国家从 20 世纪 80 年代逐步放弃了对资本流动的管制。今天的世界不但资本流动的数量和速度远远超过了商品的流动，而且在发达国家，资本流动的控制权已经从政府转移到了私人手里。据统计，全球有 40 万亿美元的资金控制在家产超过 100 万美元的富裕家庭手里。全球私人银行（private banking）管理的个人资产高达 16.5 万亿美元。由于政府不再具有足够的能力强制资本流向商品生产和贸易领域，资本的流动就不再以进入实体经济经营为目的，而是大量流向了金融投资，这就使得实体经济出现空心化，大家都愿意投资虚拟经济。从 1998 年到 2007 年，全球经常项目的失衡从 GDP 的 1% 增加到 3%，资本的流动则从 GDP 的 5% 增加到 20%。全球资本流动量目前是商品和服务交易量的 14 倍。从 1982 年到 2006 年，美国的资本流动量从 3730 亿美元增加到 52.1 万亿美元，增长了约 140 倍；而商品和服务的交易量只是从 5750 亿美元增加到 3.65 万亿美元，只增长了不到 7 倍，只有资本增长速度的 5%，这足以看出实体经济和虚拟经济正在加速背离。

40 多年来人们耳闻目睹的都是以美元为核心的国际货币体系（牙买加体系），但这并不等于说美元本位制就不可能是历史中一个昙花一现的错误。我们认为，美元本位制其实是一个无体系的体系。美元的发行量是以美国国内需要为依据的。在国际上，没有任何机构性的强制机制和规则来调节美元的发行量同世界需求之间的关系。因此，这必然产生危机，次贷危机只能说是这种矛盾的一个引爆点，没有次贷危机也会有别的危机引爆整个全球货币体系。

在实行黄金本位制的时候，世界货币价格受黄金开采量的影响，波动幅度不可能太大。虚拟经济和实体经济之间的关系可以通过通胀和通缩的轮回而得到调节。而现在，美元的发行量是以美国的需要为根据。很难想象一个政府在用自己的货币支付国际债务的情况下，能够控制得住花钱的冲动。曾有一位我国不愿具名的著名政治家就私下表示："谁也不相信谁，谁也制衡不了谁的时候，那么我们只能相信黄金，它不带有国别，也不代表任何政治体制、经济体制。"

过去经济学家认为：从理论上来说，即使不同黄金挂钩，通过资本项目的运作，美元也有可能保持国际储存货币的地位。换句话说，美国可以通过充当世界最大的对冲基金（或平准基金）来维持美元的国际地位。在次贷危机之前，美国事实上正在朝这方面发展。这也使得美国金融业发展到鼎盛时期的 2007 年，美国金融业的盈利占全部企业盈利的 40% 以上。这是很不正常的，这给世界经济带来了严重的后果和如今持续 12 年的经济、金融不稳定。为了弥补国内美元不足，美国金融机构通过金融创新，扩张信用，增加杠杆率，加快资本流转速度，提高流动性（如：1990 年到 2005 年之间，美国的 GDP 增长了 80%，流动性增长了 300%）。在这种运作模式里，无论进行什么样的监管改革，高度积累的风险最终必然会通过危机释放出来。

如今，经济衰退的持续也使得政府监管者、经济学者开始反思过去的体制问题。也开始意识到在这种情况下，要彻底治愈本轮全球经济、金融危机，必须要大幅度地改变现行的国际货币体系。已经不断有专家、学者，甚至政治家提出要改革货币体制，各种新的设想都有被提及。而黄金毫无疑问会在改革后的国际货币体系下扮演更为重要的作用。尽管其不会再回"货币角色"，但毫无疑问，由于它具有美元替代品的特点，因此其在国际货币体系中的地位会得到加强。

9.2 国际货币体系与黄金

近代经济、贸易高速发展的同时，货币也逐渐演化形成了复杂的国际货币体系。由于历史上第一个国际货币体系是以黄金作为本位的，因此研究黄金离不开国际货币体系的变迁。同样，了解国际货币体系的变迁也有助于我们充分认识黄金的多重属性。

所谓国际货币体系，就是指各国政府为适应国际贸易与国际支付的需要，对货币在国际范围内发挥世界货币职能所确定的原则、采取的措施和建立的组织形式的总称。国际货币体系的具体内容包括：（1）世界及各国货币的汇率制度；（2）有关国际货币金融事务的协调机制的建立；（3）资金融通机制的建立；（4）主导货币或国际储备货币的确立；（5）国际货币发行国的国际收支机制的建立。

9.2.1 现代国际货币体系的种类与黄金

我们在第一部分已简要阐述过黄金在国际货币体系的演进过程中所扮演的角色。我们按照历史的进程，将货币体系的演进分为：金银复本位制、金本位制度、金汇兑本位制度、混乱阶段、布雷顿森林体系以及牙买加体系。

根据我们对国际货币体系历史进程的研究发现，国际货币体系的核心问题应该是本位币，即哪种货币充当支付货币和储备货币的职能。根据这一特点，我们可以将国际货币体系分成三类：纯商品本位货币体系；混合商品和信用本位货币体系；纯信用本位货币体系。历史上出现的纯商品本位货币体系包括金本位制度、银本位制度；混合商品和信用本位货币体系包括金汇兑本位制、布雷顿森林体系；而纯信用本位货币体系则是如今的牙买加体系。

9.2.1.1 纯商品本位货币体系与黄金——"金权天下"

在此，我们以金本位体制作为纯商品本位货币体系的代表来讨论这一货币体系。谈到金本位体系下的黄金，我们借用一本著名畅销书《货币战争（2）：金权天下》的"金权天下"来形容此时黄金的地位，可见此时的黄金是如何的光彩夺目。

进入 19 世纪，工业革命的推动使得全球进入经济发展的快速时期。与此同时，人类先后在俄罗斯、南非、美国和澳洲发现了储量丰富的金矿，黄金产出得以迅速增加，到 19 世纪后期，这一阶段生产出来的黄金就远超过了人类历史上黄金产量的总和，这为全球进入黄金本位的国际货币体系奠定了基础。

1816 年，最早实现工业化的英国开始实施金本位制，可以说金本位制是工业化的伴随产物。德国 1871 年开始实行金本位制；随后法国、意大利、瑞士、瑞典等欧洲多国都在 20 年之内实行了金本位制；而美国也在 1879 年实行金本位制。据相关数据统计显示，到 1914 年第一次世界大战开始时，全球已经有近 60 个国家实行了金本位制，这可谓是金本位制度一统天下的时代。在金本位制下的国际货币体系本质就是以黄金为本位币的货币体系，黄金既是国际间的支付手段，又是财富储备手段，是固定的充当一般等价物和价值尺度的货币。在金本位体制下，各国央行按照各国货币平价规定的金价自由地进行黄金买卖。彼时，伦敦的黄金交易市场承担着黄金交易的功能。此时的黄金在国际贸易中可以充当支付手段，在国内也可以作为货币自由流通。

但是物极必反，第一次世界大战开始严重地冲击了金本位制，到 1929 年又爆发了全球性的经济危机。交战国各方为了应对战时对黄金的需求，均采取"只进不出"的态度，采取了黄金出口管制，禁止黄金的自由流通，伦敦的黄金市场也被关闭。这使得金本位制度彻底崩溃，各国的黄金绝大多数被各国央行吸收，黄金流动性变得越来越差。1931 年英国率先宣布放弃金本位制，随后瑞士、美国等国也宣布放弃金本位制。

金本位的时代结束。其实，我们认为商品本位货币是最能体现"金融为经济服务，而不是凌驾于经济至上"这一特点的，当然我们也知道商品存在本位货币支付的不便利性，因此其必然被历史所淘汰。

9.2.1.2 混合商品和信用本位货币体系与黄金——与美元平分天下

金本位结束后，由于第二次世界大战很快又席卷全球，各国都出现了较为严重的通货膨胀。尽管有过多次尝试恢复金本位的努力，结果都以失败告终。后来，凯恩斯和美国时任财政部顾问怀特提出了以美英为核心的货币方案，并在 1944 年的布雷顿森林会议中，得到 44 国政府的同意，建立了后来的"布雷顿森林体系"，同时还成立了国际复兴开发银行（即世界银行）和国际货币基金组织。所以，世界银行和国际货币基金组织实际上是"布雷顿森林体系"的遗物。

在这种混合商品和信用本位货币体系下，美元这种代表美国政府信用的纸币和黄金获得了同等的特殊地位。美元与黄金挂钩、其他货币与美元挂钩，美元承担起了以官方汇价汇兑黄金的义务。实际上美元处于中心地位，成为支付手段，黄金仅仅保留了财富储备手段的功能，实际上被"退居二线"了。此时的黄金被作为储备由官方严格地管理起来，保存在地下金库中，各国禁止居民自由买卖黄金。

此时，由于美元的价值有黄金作为保证，同时美国国债具有良好的流动性和回报率，此时各国愿意持有美元，通过投资美国国债获取收益；而黄金由于不生息且有储存成本，逐渐被冷落。这就是所谓的"格雷欣法则"——劣币驱逐良币，美元最终驱赶了黄金，美元变成了"美金"。但我们在前面也提到了以美元作为全球货币有其根本的缺陷，即所谓的特里芬难题［Triffin（1963）］——由于美元与黄金挂钩，而其他国家的货币与美元挂钩，美元虽然因此而取得了国际核心货币的地位，但是各国为了发展国际贸易，必须用美元作为结算与储备货币，这样就会导致流出美国的货币在海外不断沉淀，对美国来说就会发生长期贸易逆差；而美元作为国际货币核心的前提是必须保持美元币值稳定与坚挺，这又要求美国必须是一个长期贸易顺差国。这两个要求互相矛盾，因此是一个悖论。加之，20世纪六七十年代，美国深陷越南战争以及和苏联在"两超争霸"的竞争中逐渐处于下风，这使得美国国际收支进一步恶化，美元危机爆发。最终，美国再也没有维持黄金官方汇价的能力，宣布放弃按35美元一盎司向市场供应黄金，市场金价开始了自由浮动。至此，布雷顿森林体系崩溃。

总之，我们认为美元是由于"格雷欣法则"而兴，由于"特里芬难题"而弱。

9.2.1.3 纯信用本位货币体系与黄金——美元独大

但意想不到的是，布雷顿森林体系的崩溃并未使美元走向没落，反而在后来的改革中人为地加强了其在新的国际货币体系中的地位，其不仅充当着世界贸易的支付手段，而且事实上成为全球财富储备的最重要手段，黄金不仅丢掉了支付功能，甚至连储备功能都被边缘化，例如在现在多国的外汇储备中，黄金的占比远远低于美元。

布雷顿森林体系解体后，各国很快签署了牙买加协议，建立了新的牙买加国际货币体系，以取代布雷顿森林体系。牙买加体系建立了以美元为基础的浮动汇率体系，这加大了各国经济发展的波动；确立了国际储备资产的多元化原则，但实际上从如今的外汇储备来看，还是美元一枝独大，无论是欧元、英镑还是日元都未撼动美元的地位。牙买加体系是完全的信用货币体系，《国家货币基金组织协定》彻底删除了有关黄金的所有规定，宣布黄金不再作为货币价值标准，废除黄金官价，可在市场上自由买卖黄金，同时取消了国际货币基金组织必须用黄金支付的规定，并出售了其1/6的黄金；还设立了特别提款权代替黄金，用于会员国与国际货币基金组织之间的某些支付。黄金被彻底"非货币化"，部分黄金储备转入了民间。

但我们认为官方黄金的"非货币化"应该是塞翁失马、焉知非福？黄金逐渐成为民间的财富储备方式。经过40余年的时间，黄金成为重要的投资品种，特别是本轮金融危机以后，更是掀起了黄金投资热。各种黄金投资品层出不穷——实物金、纸黄金、黄金ETF，黄金衍生品等，黄金交易市场规模得以上百倍的扩大。我们认为，虽然在牙买加体系中，黄金被非货币化，但是这反而促进了黄金交易市场的发展，形成了投资性的黄金体系，推动了商品黄金、投资黄金的发展，形成了以商品黄金、货币黄金、投资黄金共同繁荣的新格局，这实际上也就是黄金商品、货币、投资属性的综合体现。

9.2.2　当前国际货币体系的主要问题

国际货币体系是经济体系的重要组成部分，它从货币的角度反映了世界经济关系的情况。我们在前文已述"货币体系的本质问题是本位制问题"，那么实际上我们认为国际货币体系有两个根本问题，一个是本位币问题；另一个是外汇制度问题。两者明确了世界经济体之间的货币利益平衡机制。

关于本位币问题，由于在当前货币体系下，本位币已经发展为信用货币，因此谁控制了本位币，谁就能在国际间获取巨大的发行利益，就是我们通常所说的"铸币税"。毫无疑问，当前货币体系的本位币是美元，铸币税的收益被美国人所享。尽管欧元在 2002 年后被推出，但毫无疑问，目前它还不能对美元形成真正的冲击。

关于外汇制度问题，它作为国际贸易以及国际金融平衡的制度安排，作为平衡国际经济的重要工具，直接影响着世界经济的进步和贸易的发展。在目前的国际货币体系下，世界各国普遍实施了自由化的经济政策和浮动汇率制度，这加速了资本的国际流动并推动了金融全球化的进程。金融资本在高速的流动中迅速增值与膨胀，并部分表现出与实体经济的脱离。而美国则凭借美元在货币金字塔中的塔尖地位，成为"唯一完全可以根据国内目标（就业、外贸出口）而不论美元汇率的浮动情况如何来推行某种国内政策的国家"。为此，克鲁格曼提出了著名的"克鲁格曼三角 [Krugman (1998)]"，即本国货币政策的独立性，汇率的稳定性，资本的完全流动性不能同时实现，最多只能同时满足两个目标，而放弃另外一个目标。当然美国是个例外，而其他国家都无法突破"克鲁格曼三角"的限制。"世界经济的不完全一体化既是汇率不稳定的根源，又是汇率不稳定的结果"。

尽管布雷顿森林体系解体后，各国努力实现储备货币的多元化，但从实际情况看，美国依靠其在全球政治经济中的霸主地位，美元仍然在国际储备货币中居于一币独大的核心地位。作为计价单位，美元是衡量各国经济实力、比较各项主要经济指标的共同尺度，也是初级产品的主要计价货币之一，国际贸易中其他接近半数的交易也以美元为主要结算货币。

美元是一种主权货币，而以主权信用货币作为主要国际储备货币必然会导致诸多问题。

首先，储备货币发行国的中央银行肯定会把国内经济目标放在首要地位，而把对外经济目标放在次要地位。由于国内经济目标和对外经济目标经常发生冲突，必然导致储备货币发行国以牺牲他国利益为代价而满足自身的宏观管理需要。

其次，储备货币发行国的货币发行缺乏纪律约束，它享有的铸币税特权会导致经济失衡和潜在危机。1968年，美国尼克松政府宣布停止美元与黄金的兑换，导致美元可以无限制地对外提供流动性。正是由于这种特权，使得美国居民大量超前消费，国际收支经常项目持续逆差，不注重发展国内的实体经济，虚拟经济和实体经济严重失衡，最终爆发金融危机并快速在全世界传导。金融危机的爆发虽然给美国敲响了警钟，但是，只要美国发行货币不受约束，它就会不断通过经常项目向外提供本位货币，满足国内消费，然后通过提供债券等金融资产回收本位货币。虽然，国际收支顺差国日后将利用该债权购买美国的商品与劳务，可是由于通货膨胀的存在，会导致美元的贬值。这样，就会进入美元资产不断膨胀，美国经济虚拟化程度不断加深，从而加剧虚拟经济与实体经济失衡的恶性循环。

自2002年以后，欧元的诞生使得美元霸主地位受到挑战，从而动摇了当代国际货币体系中世界货币的统一性。但是，欧元的出现不但没有使滥发货币的情况得到遏制，反而加剧了危机。因为两大货币同时存在会使得"滥币陷阱"出现。即一个主要货币的滥发一定会迫使另一个货币跟着滥发。"特里芬难题"也仍然存在。我们看到，欧元和欧元资产发行量正以与美元一样的速度膨胀，更为严重的问题是欧洲也在迅速滑向美国的经济运行方式，依靠金融服务、地产和旅游等行业或其他服务业维持经济运行。最后的结果是美元资产和欧元资产都持续膨胀，国际货币体系的危机不断加深。

最后，以浮动汇率为主体的多样化汇率机制虽然在各国调节国际收支的不平衡方面起到了一定的积极作用，但却导致国际货币体系严重缺乏稳定性。美元、欧元、日元等主要货币之间汇率的频繁、大幅度波动，也诱使发展中国家的货币出现过度波动而增加了国际汇率体系风险，影响国际贸易与投资的增长，加剧国际金融市场的动荡，使各国宏观经济政策难以调控，引起国内物价、工资和就业的不利变化，破坏资源的合理配置，妨碍经济发展和国际收支经常项目的调整。

同时，各国往往根据自己的需要进行汇率干预管理，根据各自的偏好和利益自主决定。一些国家为了实现国内经济目标，无限制地实行膨胀性的财政政策和货币政策，加剧了世界通货膨胀的压力。

汇率的剧烈波动还助长了外汇投机活动。随着金融全球化步伐的加快，金融市场的阻隔消除，金融创新和金融衍生工具大量涌现，国际资本流动速度大大提高，国际游资也在金融全球化、自由化的浪潮中迅速膨胀，在利率、汇率的频繁波动中寻找可乘之机，使得国际金融市场的风险进一步加大。而正是这种大规模的投机活动，使得越来越多的国家面对经常项目出现逆差时，不是采取国内紧缩或调整汇率的措施来平衡逆差，而是借助短期资本的流入平衡逆差，而外债长期积累的后果使这些国家偿债压力越来越大，当游资大规模撤离的时候，就会引发严重的金融危机甚至经济危机。先后出现的 1992 年的英镑危机①、1994 年的墨西哥比索危机②、1998

---

① 英镑危机：1992 年 9 月中旬在欧洲货币市场上发生的一场自第二次世界大战后最严重的货币危机，其根本原因就是德国实力的增强打破了欧共体内部力量的均衡。德国加息引起了外汇市场出现抛售英镑、里拉而抢购马克的风潮，致使里拉和英镑汇率大跌，引发了 1992 年的英镑危机。

② 墨西哥比索危机：墨西哥为了遏制通货膨胀，实行稳定汇率的政策，使新比索与美元的汇率基本稳定。但由于外贸赤字的恶化，外国投资者信心动摇，在资本大量持续外流的压力下，1994 年墨西哥政府不得不宣布让新比索贬值 15.3%。然而这一措施在外国投资中引起了恐慌，资本大量外流愈加凶猛。墨西哥政府外汇储备几近枯竭，最后墨西哥新比索下跌了 40%。

年的亚洲金融危机①、2001 年的阿根廷金融危机②以及 2007 年的次贷危机③
都不断地在提醒人们当前国际货币体系的投机性已经越来越大，其越来越
成为经济发展的"双刃剑"。

9.3 未来国际货币体系中的黄金

随着牙买加体系运行至今 40 余年，经过数次全球性或局部性的金融危
机、经济危机的洗礼，当前货币体系中的固有问题被充分暴露在世人面前，
以美元作为本位币必然出现无约束发行的美元泛滥成灾，牙买加体系深化
的过程就是以美元为核心的本位币从缺乏到泛滥贬值的过程。全世界被美
国征收"铸币税"，这就是为什么欧元区要创造欧元，为什么人民币要坚持
走国际化道路，都是为了避免或减少再被美国通过"货币战争"的形式隐
性的掠夺。

在这一大背景下，一种应对美元泛滥成灾，为国际货币体系充实有价
值的本位币的观点正在逐步形成，未来的国际货币体系变革也是一个必然
的趋势，只是在变革程度的问题，是国际货币体系的改良还是国际货币体
系的改革？

接下来我们将分两种情况分别探讨在国际货币体系改良中的黄金和在

---

① 亚洲金融危机：1997 年开始，亚洲金融风暴席卷泰国，泰铢贬值。不久，这场风暴扫过了
马来西亚、新加坡、日本和韩国等地。打破了亚洲经济急速发展的景象。亚洲一些经济大国的经济
开始萧条，一些国家的政局也开始混乱。

② 阿根廷金融危机：2001 年 3 月，阿根廷出现了一个小的偿债高峰，11 月 1 日，德拉鲁阿总
统宣布，阿根廷将实施重新谈判外债、调整税收、支持困难企业、发行新债券等一揽子经济调整措
施，以克服金融危机。但这些措施并未得到积极的反应，相反，11 月 2 日，阿根廷证券市场梅尔瓦
股票指数比前一个交易日下降 284％。政府公共债券价格持续下跌。与此同时，货币市场利率急剧
飙升，以致银行间隔夜拆借利率竟高达 250％ 至 300％。于是阿根廷经历了该国历史上最大的一次债
务危机。

③ 次贷危机：发生在美国，因次级抵押贷款机构破产、投资基金被迫关闭、股市剧烈震荡引
起的金融风暴。它致使全球主要金融市场出现流动性不足危机。美国次贷危机是从 2006 年春季开始
逐步显现的。2007 年 8 月开始席卷美国、欧盟和日本等世界主要金融市场。

国际货币体系改革中的黄金。首先，我们定义国际货币体系改良是指仍然尊重目前以美元为核心的全球货币体系，仍以其作为全球支付的手段，但是在储备手段上多元化，提高黄金等贵金属以及其他主要经济体货币，如欧元、人民币、日元、英镑在财富储备中的比重，以考虑到各经济体的利益。而我们定义国际货币体系改革是指国际货币体系的重构，即本位币的重构。当然本位币可以重新设计，可以是一种新的全球性的信用货币——世界币，它按照各经济体在全球经济中的占比进行发行额度的分配；也可以是黄金，当然这面临着黄金作为本位币可能会由于存量限制造成全球经济通缩的问题，也有学者提出了可以在本位币中加入碳排放量这一没有产出限制的产品，即以"黄金＋碳排放量"作为本位币，称为"碳金币"；当然还有目前的数字货币、虚拟货币，我们在 9.4 节再详细探讨之。

9.3.1 国际货币体系改良中的黄金

如果未来出现国际货币体系的改良，全球仍然将以美元作为贸易支付手段，但在财富储备手段中增加其他方式，那么毫无疑问黄金是一个良好的替代品。那么在这种情况下，我们不用分析支付手段的变革，只用探讨国际储备手段的变革。从理论上说以美国的货币作为其他国家财富的储备是有一定不匹配性的。

国际储备是指用于弥补国际收支差额，维持汇率稳定的国际市场接受的资产，包括外汇、黄金，以及国际货币基金组织的普通提款权和特别提款权。它主要用于国际支付、保持外汇市场稳定以及保证国家金融安全和支撑一个国家的国际地位。保持必要的国际储备是一国参与全球经济、贸易、金融的必要条件。国际储备资产必须具备的三个特征是安全性、流动性和盈利性。在当前的牙买加体系中，美元仍然是核心的储备货币，充当了 60% 左右的国际储备，这树立了美元的世界货币霸主地位，并支撑了美国的金融霸权利益；以欧元、日元、英镑、瑞士法郎为代表的其他货币一定程度上对美元构成了竞争关系，但并未构成真正的冲击，它们只能对冲美元汇率损失的风险，但实际上在这一过程中，汇率的波动被加大，反而影响了世界经济的稳定；而黄金的比重较低，且非常不均衡，表现为：越发达国家持有越多的黄金储备，发展中国家只有非常少的黄金储备，我们在此研究了各国黄金储备的情况。

表9-1　各国和主要组织国际储备中的黄金

地区	货币性质	与货币的关系	与本位币的关系	管理机构	储备中的地位	与货币供应量 M 的关系
IMF	储备金/准备金/国际清算	与提款权关联关系	从其本位币衍化为准备金	IMF	重要组成	与准备金相关
美国	储备金/准备金/国际清算	准备金的一定比例	从其本位币衍化为准备金	美联储	重要组成	与准备金相关
欧元区各国	储备金/准备金/国际清算	准备金的一定比例	从其本位币衍化为准备金	各国央行	重要组成	与准备金相关
新加坡、中国香港	储备金/准备金/国际支付	准备金的很少比例	和本位币无关，仅作为储备金	金管局	非重要组成	不相关
中国、俄罗斯	储备金/准备金/国际支付	准备金的很少比例	和本位币无关，仅作为储备金	中央银行	非重要组成	不相关
其他新兴国家	储备金/国际支付	准备金的极少比例	和本位币无关	中央银行	几乎没有	不相关

　　越是老牌的发达国家其黄金储备的存量规模越大，越是落后的发展中国家的国际储备中黄金所占比重越少。美国作为世界头号强国，其拥有全球就最大的黄金储备，达到8000吨，如果加上IMF的黄金储备，达到了11000吨；欧洲各国也拥有与美国大致相当的黄金储备，约10000吨；中国、俄罗斯等新兴经济体的黄金储备规模就相距甚远，中国目前的黄金储备约为1885吨；而其他落后经济体的黄金储备规模则更少。

　　由于各国对当前的货币体系都有微词，同时对于未来的国际货币改良都有未雨绸缪，因此相当数量的发展中国家都在其国际储备中增加黄金的比重。我们在此以一个简单的外储结构理论模型来测算以中国为代表的高国际储备国家未来对黄金储备的需求。

关于国际储备结构的研究，学者们从不同的角度对其进行了深入的研究，研究的角度不同，有的从安全性、有的从流动性，还有的从收益性出发，得出了千差万别的结论，我们的模型则综合考虑国际储备的安全性（风险）和收益性，同时考虑了我国的贸易结构和外债结构得出一个较为理论化的模型，来测算黄金占外储的适宜比重。

关于外汇储备结构的研究，Markowitz（1952）的理论为外储配置提供了从风险—收益角度进行研究的基础。自此，这一类研究成为外储资产配置的一个派别。Tobin（1956）认为各种资产在国际储备的比重只取决于该种资产的风险—收益状况，而不需要考虑货币风险—收益以外的其他因素。但由于外汇储备不同于其他一般的储备资产，必须要考虑国家与国家之间的政治关系、经济贸易关系以及债务关系等，因此使得该理论的直接应用并不完全适合于外汇储备的资产配置。Heller 和 Knight（1978）提出一国的汇率安排和贸易收支结构是决定外汇储备资产配置的更为重要因素，但该模型仍然没有考虑国家外债因素的影响，因而也有待进一步完善。

对于我国外汇储备的资产配置，欧阳芳、余其昌（2001）提出根据"不要把鸡蛋全放在一个篮子里"的原理，应该适当增加欧元、日元占整个外储的比重。由于当时，欧元的即将出现为整个货币体系注入了一种新的优良的替代品，使得过去只能配置美元的高外储国家有了更多的选择，但如今欧元的光环似乎受到了欧洲债务危机的影响，已经不如当时；日本经济由于近30年的低增长，日元的强势地位也不再；而黄金在近几年，特别是次贷危机和欧洲债务危机的背景下，表现抢眼。被遗忘的"货币"又再次被更多的人记起。因此，外汇储备的结构有待我们适时继续讨论。宋铁波、陈建国（2001）综合考虑了对外贸易、外债结构、储备货币的风险—收益和一国汇率制度四种因素对外储资产配置的影响，给出了理论上最优的外汇储备结构的调整建议。这一文献考虑得相对比较完善，但他们并未将黄金资产加入外储的讨论范畴，因此我们将在其基础上加入黄金储备，综合考虑各种资产的风险—收益结构，同时考虑各国间的贸易结构、外债结构以得出一个相对具有现实意义的外储结构，并着重阐述黄金占外储中的比重。

我们根据外储的选择标准：币值稳定原则、经济实力原则、贸易匹配原则选择美元、欧元、日元、英镑、黄金作为我们探讨外储配置的对象；对于其他的小币种，在实际的外储中应该会存在，但比重较小，因此我们予以忽略。

第一步，我们得出只考虑外储资产风险—收益的资产配置结构，这一配置比重的基础仍然是 Markowitz 的资产配置理论。第二步，我们将加入中国的贸易结构影响因素。第三步，我们将加入我国的外债结构对外储的影响因素，从而得出较为完善和可行的配置比例。

我们假定央行通过充分地分散配置资产，在设定的较低风险的基础上实现组合的收益最大化，在 t 时期，央行的目标是：

$$R_P = \sum_{i=1}^{n} X_i R_i, i = 1, 2, \cdots, 5$$

$$\min \sigma_P^2 = \begin{bmatrix} X_1 X_2 X_3 X_4 X_5 \end{bmatrix}$$

$$\begin{bmatrix} \sigma_1^2 & \sigma_{12} & \sigma_{13} & \sigma_{14} & \sigma_{15} \\ \sigma_{21} & \sigma_2^2 & \sigma_{23} & \sigma_{24} & \sigma_{25} \\ \sigma_{31} & \sigma_{32} & \sigma_3^2 & \sigma_{34} & \sigma_{35} \\ \sigma_{41} & \sigma_{42} & \sigma_{43} & \sigma_4^2 & \sigma_{45} \\ \sigma_{51} & \sigma_{52} & \sigma_{53} & \sigma_{54} & \sigma_5^2 \end{bmatrix} \times \begin{bmatrix} X_1 \\ X_2 \\ X_3 \\ X_4 \\ X_5 \end{bmatrix} \qquad (9-1)$$

约束条件是：
$$R^0 \leqslant \sum_{i=1}^{5} X_i R_i, i = 1, 2, \cdots, 5$$

$$X_1 + X_2 + X_3 + X_4 + X_5 = 1, X_i \geqslant 0, i = 1, 2, \cdots, 5$$

其中，R_i 和 X_i 分别是美元、欧元、日元、英镑和黄金的投资收益和配置比例。R_P 为央行的投资组合收益。R^0 为给定的无风险收益率，我们以 1 年期的美国国债收益率为标准。我们在数据选择上以中国加入世界贸易组织（WTO）后的 2001 年为起点。以各国货币对人民币汇率的收益及波动性来作为样本，通过选取 10 余年来的数据，我们得出其配置标准大致为：美元为 40% ~ 60%，欧元为 5% ~ 10%，英镑为 0，日元为 10% ~ 15%，黄金为 15% ~ 45%。

但我们知道考虑国际储备的配置不能仅从金融资产配置的收益—风险角度去考虑，还必须考虑到贸易结构和外债情况。比如，我国和英国长期保持着密切的经贸往来，不能仅仅因为英镑的疲软就不配置英镑；同时，由于黄金在贸易往来中较少被用于支付手段，因此不能因为其近年来良好的收益率就配置近 50% 的黄金。当前，中国和美国的进出口贸易额占比为 14.7%，和欧盟的进出口贸易额占比为 15.4%，与日本的贸易额占比为 13.8%，与英国的进出口贸易额占比为 2%。此外，我们还必须考虑到其他几个主要贸易伙伴（中国香港和中国台湾，韩国和俄罗斯）都是盯住美元的，因此它们的贸易权重也需要计入美元的权重中去。中国香港、中国台湾、韩国和俄罗斯与我们的进出口贸易额占比之和为 25.6%，因此从贸易的角度考虑，美元的占比至少在 60% 以上。

此外，我们还必须考虑我国的对外债务情况。尽管我国在 2001 年后积累了大量的外汇储备，目前超过 3.1 万亿美元，远远高于外债额度。因此，偿还外债没有任何问题，但我们在国际储备的构成中仍然要考虑外债的比例，据我们的统计，我国的外债中美元债务占到了 75%，日元债务占到了 13.6%，欧元债务占到了 7.2%。

因此，综合考虑汇率的风险—收益结构、各国间的贸易结构、外债结构，我们认为我国的国际储备中美元资产占比应为 60% 左右，欧元应为 15% 左右，日元应为 10% 左右，英镑应为 5% 左右，黄金应为 10% 左右。

根据我们的统计发现，对于欧美发达国家，黄金在其国际储备中的比重大约在 30%，由于历史形成原因，以中国、日本为代表的高外储国家不可能调整到如此高的比重。根据我们以上的模型简单判断，保持黄金储备在国际储备中占有 10% 的比例是一个适宜的底线。以我国目前约 3.1 万亿美元的国际储备、日本约 1.2 万亿美元的国际储备、印度约 3900 亿美元的国际储备、俄罗斯约 3500 亿美元的国际储备来计算，上述国家均需要大规模增持黄金资产。当然，中央银行对黄金的增持过程是一个长期、持续的过程，在这种情况下，黄金的价格将必然会突破 2000 美元/盎司。

9.3.2 国际货币体系改革中的黄金

我们在前文中定义了国际货币体系改革为"国际货币体系的重构，即本位币的重构"。国际货币体系要改革的确需要很大的勇气，其可能性和可行性也的确不是研究者能够决定的，它涉及了各国家、地区间太大的利益，几乎每次国际货币体系的改革都是战争后的产物。因此，客观地讲，我们也认为国际货币体系改革不太容易发生。正如蒙代尔曾经说过"超级大国对国际货币体系的任何改革都具有否决权，当试图改变现状的提议不符合既得利益者（超级大国）的利益时，此种改革将会很难以付诸实施。因此，我们对国际货币体系改革只是做一个简单的理论性探讨。"

关于货币体系的改革，周小川（2009）提出全球建立一种超主权储备货币，他指出 20 世纪 40 年代，凯恩斯就曾提出采用 30 种有代表性的商品作为定值基础建立国际货币单位"Bancor"的设想，遗憾的是未能实施。而早在布雷顿森林体系的缺陷暴露之初，IMF 就于 1969 年创设了特别提款权 SDR，以缓解主权货币作为储备货币的内在风险。遗憾的是由于分配机制和使用范围上的限制，特别提款权的作用至今没有能够得到充分发挥。但特别提款权的存在为国际货币体系改革提供了一线希望。可以看出周小川的建议是希望将特别提款权的规模和使用领域扩大化，进而充当一种超越主权的货币。

除此之外，也有学者提出以"黄金和碳排放量"作为本位币的"碳金"国际储备货币，其主要基于以下两点考虑：首先，黄金和碳气体排放量都有一个刚性的控制因素：黄金储量和大气可承载的碳气体容量，不是纯粹的可以无限制发行的纸币。有了发行上限，储备货币就有它的稀缺性；其次，以黄金和碳排放量为货币供给依据的新国际货币体系是以"可持续发展"为目标的，是以全球共同的生态利益为宗旨的，符合人类发展的自然规律，具有一定的先进性。

还有一种思路是建立"N+1"国际货币体系，即将信用货币体系和商品货币体系合二为一，综合吸收两种货币体系各自的优点。这 N 种货币是指各国的主权信用货币，"N+1"是指由黄金来充当货币体系的"名义锚"。有了黄金这个"名义锚"将使得各国货币之间能够在较长时期内维持相对固定的平价关系，从而使得相对稳定的国际汇率关系得以实现；同时能够增强对现行纸币体系发行货币的约束。

综上来看，无论是特别提款权还是"碳金"国际储备货币，抑或是"N+1"国际货币体系，黄金都将会在这些未来可能的货币体系中扮演重要角色，届时其价值应该远高于目前的价位。

9.4 数字货币能挑战黄金吗

9.4.1 数字货币是货币吗

数字货币本质上是否是货币还存在着巨大的争议。数字货币的代表是比特币、莱特币、以太坊等。比特币（Bitcoin）的概念最初由中本聪在 2008 年 11 月 1 日提出，并于 2009 年 1 月 3 日正式诞生。根据中本聪的思路设计发布的开源软件以及建构其上的 P2P 网络。比特币是一种 P2P 形式的虚拟的加密数字货币。点对点的传输意味着一个去中心化的支付系统。

与所有的货币不同，比特币不依靠特定货币机构发行，它依据特定算法，通过大量的计算产生，比特币经济使用整个 P2P 网络中众多节点构成的分布式数据库来确认并记录所有的交易行为，并使用密码学的设计来确保货币流通各个环节安全性。P2P 的去中心化特性与算法本身可以确保无法通过大量制造比特币来人为操控币值。基于密码学的设计可以使比特币只能被真实的拥有者转移或支付。这同样确保了货币所有权与流通交易的匿名性。比特币与其他虚拟货币最大的不同，是其总数量非常有限，具有极强的稀缺性。

从马克思对货币的定义来看：充当一般等价物的商品就是货币。黄金和比特币都具备稀缺性、容易分割的特征。我们从货币的五大职能来对比黄金和比特币我们可以发现，比特币和黄金都具备价值尺度、流通手段、支付手段和世界货币的职能。如果比特币能够被作为一般等价物，那么它与黄金都可以成为货币。是否被公众广泛地接受，就成为比特币是否能成为货币的关键。

9.4.2 比特币与黄金市场比较

从比特币的交易情况来看，2013 年至 2017 年可以分为第一个阶段，这个阶段的特征是比特币的交易量较少，相对而言，价格在 2000 美元以下。2017 年之后，由于比特币价格大幅度上涨，最高上涨到 2018 年 1 月 1.8 万美元/个，比特币的每天成交量也达到了 45 亿美元。2018 年全年下跌，2019 年开始重新上涨。

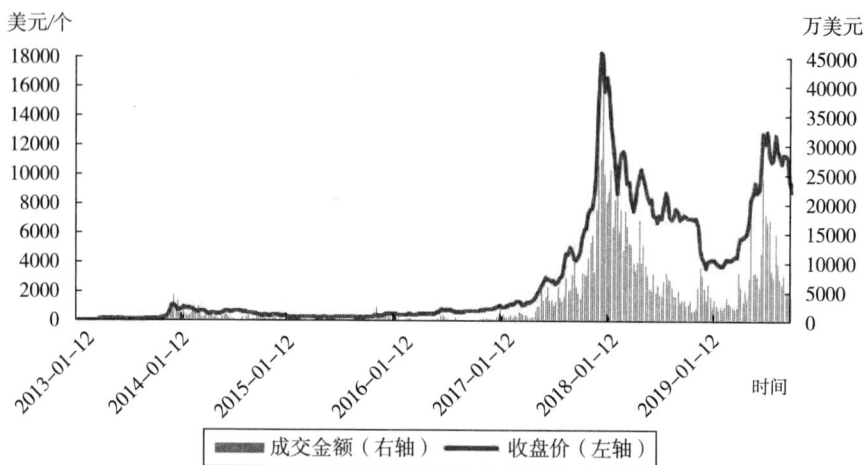

图 9 - 1　比特币市场概览

（资料来源：Wind）

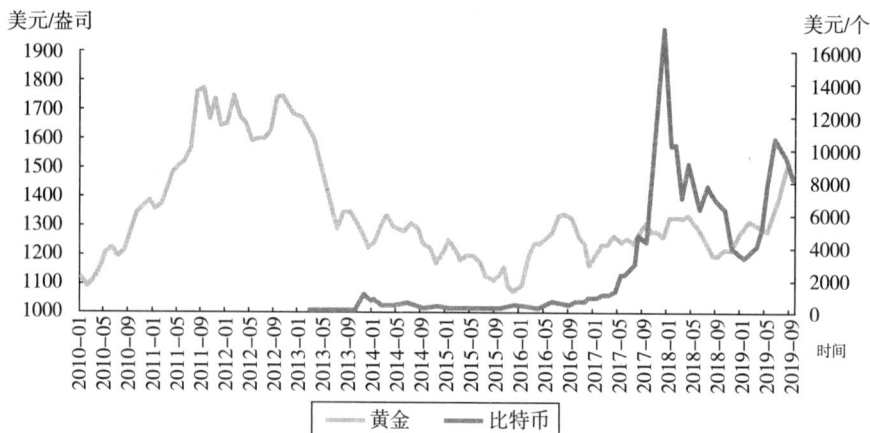

图 9 - 2　2010—2019 年比特币与黄金价格

（资料来源：Wind）

　　对比比特币和黄金价格可以发现，2017 年之后二者呈现出一定的相关性。我们进一步比较 2017—2019 年比特币和黄金价格走势，比特币和黄金之间的相关性也并非完全重合，实际还是呈现出一定的差异。我们认为出现这种现象的原因是比特币的市场容量和规模远低于黄金，还存在着一定的投机交易行为。因此，比特币市场和黄金市场存在着巨大的差异。

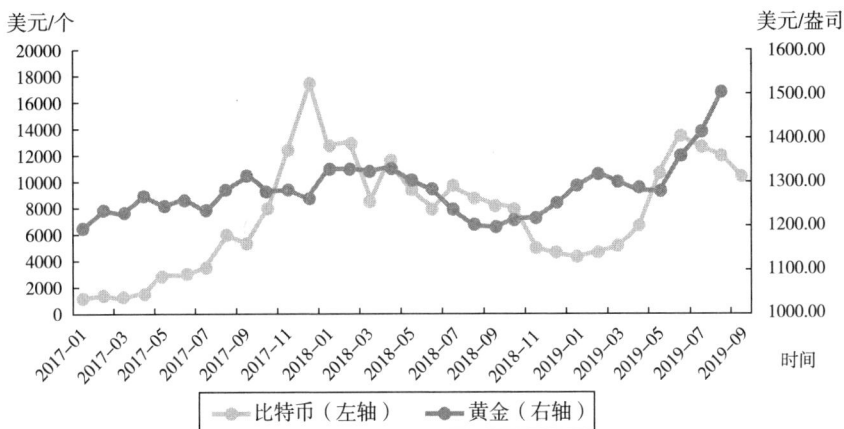

图 9 – 3　2017—2019 年比特币与黄金价格

（资料来源：Wind）

9.4.3　比特币无法替代黄金

我们进一步以金融资产的波动性、流动性、供需关系和监管方向来对比数字货币与黄金，可以进一步理解两者之间的关系，也能一定程度上解释上文所提到的比特币与黄金相关性的差异。

第一，黄金波动性更低。黄金长年保持较低波动：黄金被用于支撑货币时，金价与通胀率涨幅基本一致，20 世纪 70 年代布雷顿森林体系崩溃后，金价平均每年上涨 10%，虽然在 20 世纪 70 年代后期经历了快速上涨，但金价在过去四十年保持温和，波动性较低。反观数字货币，以知名度最高的比特币为例，比特币在过去几年飞速增长，尤其在 2017 年的暴涨中，比特币价格上涨了 13 倍，而 2017 年 12 月中期以来比特币价格又经历大幅回调——一个月下跌 40%（见图 9 – 4）。可见，比特币的价格波动极大，远超金价波动，比特币价格波动幅度平均每天达 5%，波动水平与 VIX 指数本身的实际波动率一样高。

第二，黄金流动性更好，市场深度更高。即使数字货币目前市场规模巨大（市值超过 8000 亿美元），与黄金相比，数字货币交易量仍极低，如比特币平均每天的交易额为 20 亿美元，不到整个黄金市场每天 2500 亿美元交易量的 1%。同时，数字货币没有清晰的双向市场，有研究认为，数字货币的交易量是由买入并持有的投资者驱动的，市场缺乏大规模做空的能力，不具有一般流动性市场的特性。此外，有传言称数字货币卖出持仓的交易成本很高，需要较高的资金成本和交易结算的时间成本。

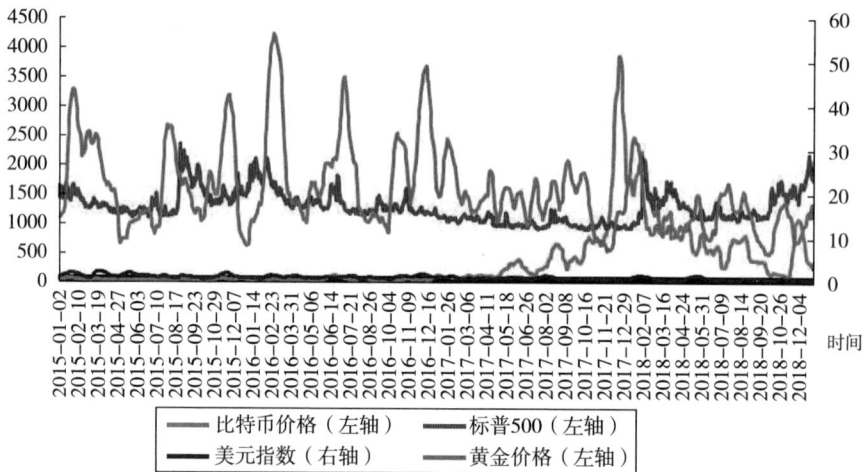

图 9 - 4　比特币价格、美元指数、黄金价格和标普 500 指数波动率比较

（资料来源：Wind，世界黄金协会）

第三，黄金需求更多样，具有更好的接受程度。黄金需求主要来源于：金饰、投资、科技行业、各国央行。其中，黄金作为首饰多年来保持第一大需求来源，在过去几年需求量中占比达到 50% ~ 60%。同时，黄金作为资产有数千年历史，始终被各国央行、机构投资者、个人投资者持有。此外，黄金作为商品具有实际技术用途，在科技行业广被运用。反观数字货币，使用机会有限，虽多被看作电子支付系统的代币，但真正的交易仍会转换为法定货币，如我国明确规定禁止比特币使用。因此，黄金需求具有多样性，数字货币的需求单一且有限。

第四，黄金市场更灵敏，供给更稳定。从特定角度来看，黄金和数字货币的供应存在相似点：如比特币总量固定，且被设计成年增速逐渐放缓，当下比特币的存量以每年 4% 左右增加，预计到 2140 年左右增速为 0；黄金一致保持较低的稳定生产率，每年开采的黄金总量大约增加 1.7%。比特币的这种增速下降和有限数量，与黄金的稀缺性和较低年增量类似。但黄金市场对价格反应灵敏，这有利于维持黄金市场平衡，也降低了金价波动。如，自 1995 年以来，回收金（指消费者为了换取现金出售的金饰）占总供应的三分之一左右，即大量消费者会根据黄金价格，高卖低买，这种交易行为维持了黄金市场平衡。而数字货币只是一种区块链技术的应用，具有诸多替代品，如目前比特币规模最大，但可获得的数字货币却有 1400 多种，难以保证供给的稳定。

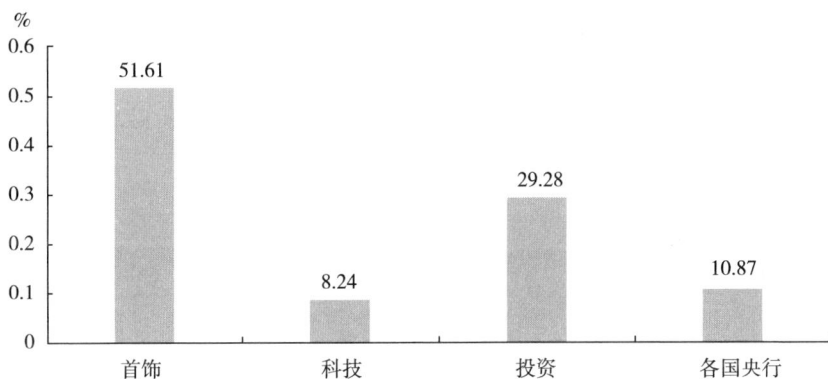

图 9 - 5　黄金需求分布（2010—2018 年平均）

（资料来源：Wind，世界黄金协会）

第五，黄金监管更标准化，比特币还在严监管过程中。黄金交易受到市场的广泛认可和授权，早已受到标准化监管。而数字货币虽得到一定认可，但大部分国家都推迟了相关批准。较为极端的是，日本似乎批准了数字货币，而中国则限制了数字货币用途。因为数字货币的特性，许多国家担忧批准应用可能带来的资本外逃、铸币税损失、货币政策失效等问题，准备采取限制性措施。如韩国拟出台更多相关监管政策，英国投资者则面临兑换数字货币的困难。

9.5　结论

黄金未来的价格走势具有很强的不确定性，这依赖于未来国际货币体系的走势，到底是美元再度走强（目前欧洲的情况似乎非常弱，难以对美元构成有效的挑战），其地位进一步强化；还是国际货币体系进行改良或者改革。

总之，从国际货币体系演化，我们可以看到无论在何种货币体系下黄金都有其独有的价值，只是其重要程度不同。我们认为随着现代货币体系的演化，黄金的重要程度逐步被美元所取代，形成了"劣币驱逐良币"的形态，可以说在牙买加体系中，黄金的价值是最被低估的。

但是事物发展都有它的自然规律，中国有句古话叫"物极必反"，当美元这种天生带有其自身痼疾的世界本位币逐步丧失其光辉的时候，更多的人想到了黄金。尽管美元代表了当今世界唯一超级大国美国的利益，但毫无疑问，美元的诸多霸权地位将会受到挑战。例如，在此前美国和伊朗的紧张局势中，由于美欧对伊朗进行经济制裁，有国家就宣布将不用美元，而用黄金与伊朗进行石油进出口结算，以避开金融制裁，不影响正常的石油贸易。

我们认为在未来的国际货币体系重构中，黄金这种既拥有实际价值又具有自然货币属性的"天然货币"的价值必然会增加。无论未来的国际货币体系出现改革还是出现改良，黄金作为货币工具的地位将再次被认知。此时的黄金价格已经脱离第二部分几个黄金定价模型的框架，而会体现出其更多的货币属性。

第十章
避险货币、负利率与黄金价格

10.1 避险货币与黄金属性的比较

为了能够清晰地比较不同类型的避险资产，我们需要明确避险资产的定义。避险资产指的是随着市场变化，价格不会波动太大的一类较为稳定的资产。除了黄金外，全球公认主要的避险资产还有日元、美债（美元）和瑞士法郎。那么，风险不同，避险资产实际上是不一样的，因此避险资产存在着范围和风险参照系。

从金融工具特点来看，货币和固定收益类品种相对于股票等产品而言，波动较小，本身具有一定的避险属性。固定收益产品中，各国的国债具有很强的避险属性，因为在经济下行的过程中，信用风险会频发，国债是没有信用风险的品种，这就是 2018 年中国资本市场中，国债表现最优的原因。从全球范围来看，除了经济风险之外，主要风险就是地缘政治风险、战争风险，在这种情况下，不同国家之间资产选择尤为重要。

10.1.1 日元的避险属性

避险资产特别是避险货币，形成需要具备相应的条件。Botman 等

（2013）指出，全球避险货币具备四大特点：低利率、币值稳定、本国外币资产头寸庞大、具有流动性良好的金融市场。美元、日元和瑞士法郎都具备这四个特征。

10.1.1.1 经济与金融支撑

从经济基本面因素来看，日本经济实力强，国际收支情况持续改善。第二次世界大战后，日本在大多数时间内都是全球第二大经济体，在20世纪60年代—80年代迅速发展后，尽管其经济增速在近三十年来一直较低，但其绝对经济实力是日元在危机中赢得信心的来源。

从资产分布来看，日本国内人多地狭。经过高速发展之后，日本与美国长期贸易战使日本向中国、中国台湾、墨西哥、东南亚等地区转移了大量的产能，形成日本的海外投资。日本资产分布在全球，使得日本经济抵御单一经济体和市场的风险能力明显高于其他国家，这也是日元成为避险货币的重要原因之一。

从国际收支平衡来看，1996年以来，日本基本都维持着巨额的经常项目和金融项目顺差。尽管21世纪以来，日本的贸易顺差有所收缩，甚至转为逆差，但2015年以来，日本贸易由赤字转向持续盈余，国际收支状况的改善所引起的资金净流入加大无疑对日元币值形成了支撑。

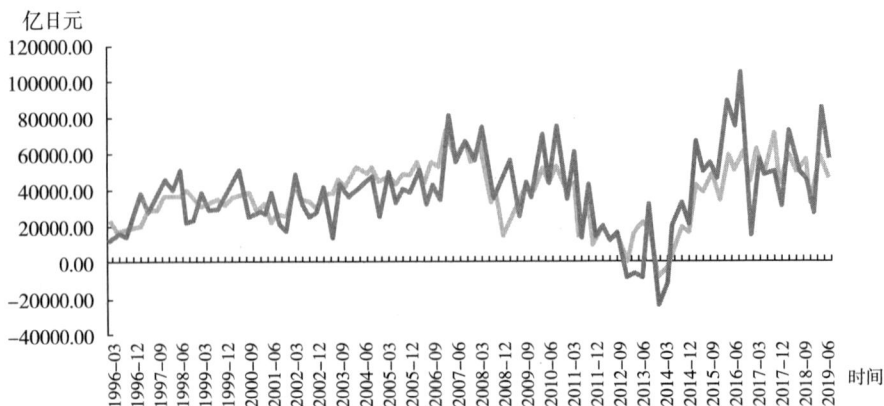

图 10-1 日本经常项目和金融项目

（资料来源：Wind，中信建投证券研究发展部）

20世纪90年代以来，日本经济长期陷入了低通胀状态。尽管安倍晋三上台之后力图通过大规模的货币宽松将日本拉出通缩的陷阱，也在事实上取得了一定成效，但二十多年来持续低通胀所固化的通缩预期积重难返。从购买力平价的角度，长期接近于零的通胀水平无疑使日元具有天然的避险属性。

日本金融市场具有全球的深度和广度。日本经济高度证券化，股市规模和债市规模均为全球第二，仅次于美国。根据国际清算银行2013年的统计，作为全球第三大交易货币，日元的日均成交量达到12310亿美元，占外汇市场交易总量的11.5%，其中接近一半发生于在岸市场。日本金融市场的规模和开放程度为日元的避险地位奠定了基础，而作为信用货币，日元流动性又强于黄金等大宗商品，因而受到全球避险资金的追捧。

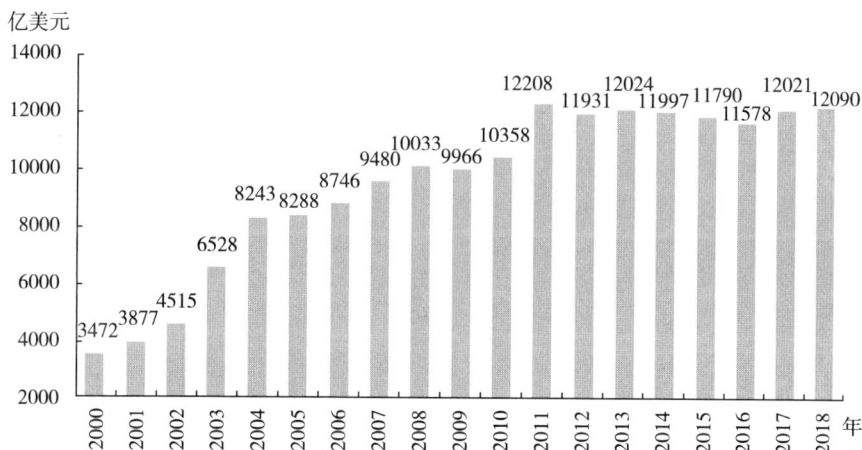

图 10-2　日本外汇储备

（资料来源：Wind，中信建投证券研究发展部）

10.1.1.2　套息交易产生的避险属性

如果说瑞士法郎和美元分别是因为政治因素和经济因素成为避险货币，那么日元成为避险货币的原因则比较特殊，即低息吸引套利交易。考虑到资金成本，低息货币往往成为套利交易的融资货币。对于外汇市场的投机者来说，低息货币现金流稳定，因此是天然的保值交易。

随着20世纪90年代的房产泡沫，日本经济进入了"失去的30年"，日本央行为刺激经济，不断降低利率，并长时间保持低利率，其长期国债收益率一直在1%以下，这使得低成本的日元成为投资机构的融资来源。

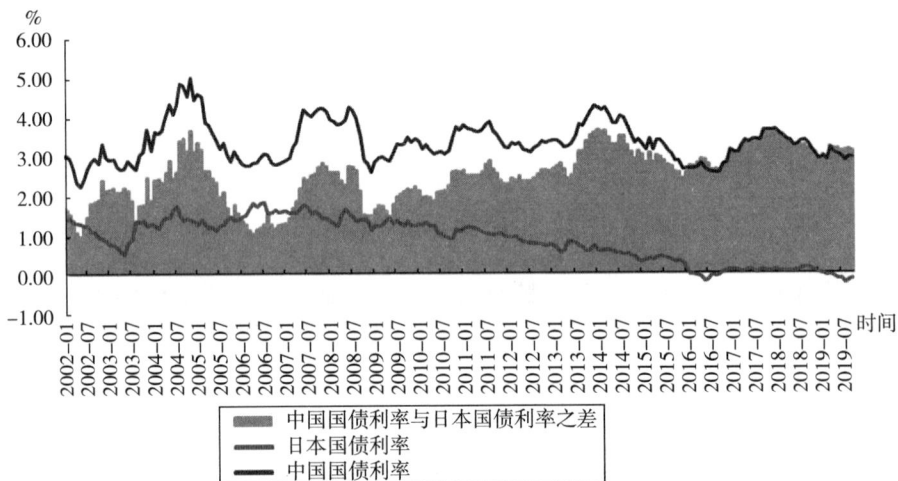

图10-3　中国与日本国债套息交易

（资料来源：作者根据 Wind，中信建投证券研究发展部相关资料整理而得）

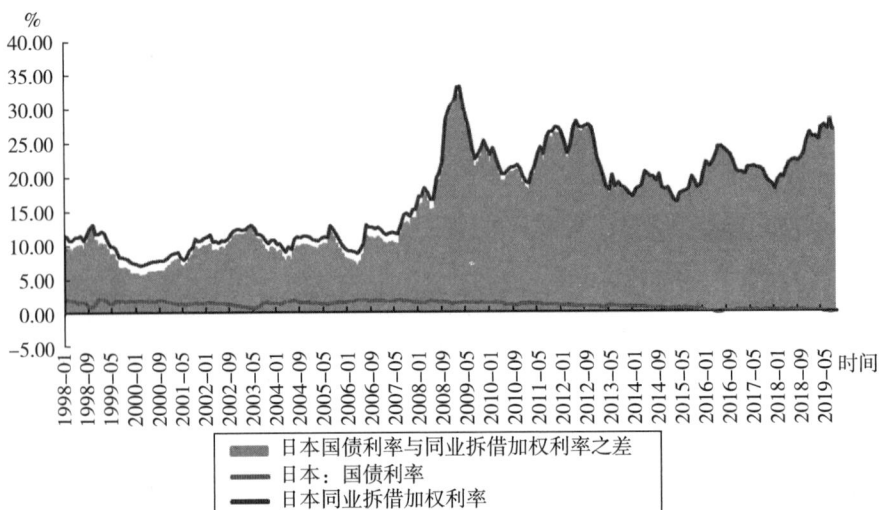

图10-4　日本国债期限利差交易

（资料来源：作者根据 Wind，中信建投证券研究发展部相关资料整理而得）

在套息交易中，当高收益资产风险事件发生时，投资者会同时结束风险资产头寸和做空的日元头寸。那么这个过程就会买入日元，形成日元的升值。日元从交易层面就会产生避险属性。日本的长期低息环境又使得其难以降息，导致日元突发性贬值的可能极小，从而成为投资者规避市场风险的首要选择。特别是安倍上台后，日本央行采取宽松的货币政策，寄望于通过日元贬值来提升通胀，促进出口，并最终复苏经济。在这样的背景下，由于大量日本股票是由海外的资产管理公司和对冲基金所持有，且大部分进行了汇率对冲，所以当股票由于外部风险下跌时，外国投资者会卖出日本股票，并同时平仓外汇对冲头寸，从而造成日元升值。

从日元避险属性来看，日元规避的风险主要是东亚、东南亚等国的经济风险，对日本股票市场风险也具有一定的规避作用。

10.1.2 美元的避险属性

美元是国际货币，这种国际货币从布雷顿森林体系破裂后是由全球金融市场自由选择的。究其根本，还是由美国全球第一经济体地位决定的。首先，美国是世界上经济实力最强的国家，美国政府为美元提供了坚实的信用保障，长期以来拥有最高的信用等级。其次，美元是国际金融市场和国家之间贸易结算中广泛使用的货币，具有很好的流通性。20世纪70年代，中东主要产油国的石油贸易采用美元结算，由此石油美元的体系形成。最后，美国拥有世界上最发达的金融市场，为世界各国不同类型的客户提供金融服务。实际是美元也是全球主要金融机构的本位币，因此也会天然地形成避险货币的属性。美国强大的经济实力和军事实力还有政府信用为美元的价值提供了支持，使得持有美元资产成为对抗宏观经济风险的必然选择。

从美元的避险属性来看，美元主要规避的是非美国家的经济风险和金融市场风险。由于在美国金融市场中，美元计价的高风险资产头寸平仓之后即可获得美元，美国的利率高于日本，所以美元套息交易产生的升值效果并不明显。

10.1.3 瑞士法郎的避险属性

与美元和日元不同，瑞士法郎成为避险货币更多是由政治因素决定的。自 19 世纪 40 年代后，瑞士宣布成为永久中立国，它也是欧洲唯一一个没有受到两次世界大战波及的国家。瑞士作为永久中立的国家之一，不参加其他国家之间的战争也不会主动发起战争。在各大国际危机和经济波动中，瑞士的整体经济较为稳定，无论是从 CPI、GDP 还是从国际收支看，相对来说瑞士具有和平的政治环境和稳定的经济背景。另外，现行的瑞士银行和储蓄银行联邦法案，即 1934 年银行法，它规定了银行经营和监管的各项制度，而瑞士最著名的银行保密法也由此而来。政府对金融机构、外汇的保护政策，使得瑞士法郎成为国际信赖和欢迎的货币。瑞士银行服务体系完善，历史悠久，而且有良好的信誉，这使得当投资者手中的财产有风险时，瑞士银行成为投资者的首选。和美元、日元不同，瑞士法郎的避险特性更多体现在其永久中立国的地位，还有瑞士银行悠久的历史让瑞士法郎的避险特性独具一格。

从瑞士法郎的避险属性来看，瑞士法郎规避的风险主要是地缘政治风险和战争风险，套息交易产生的避险属性较低。

百万美元

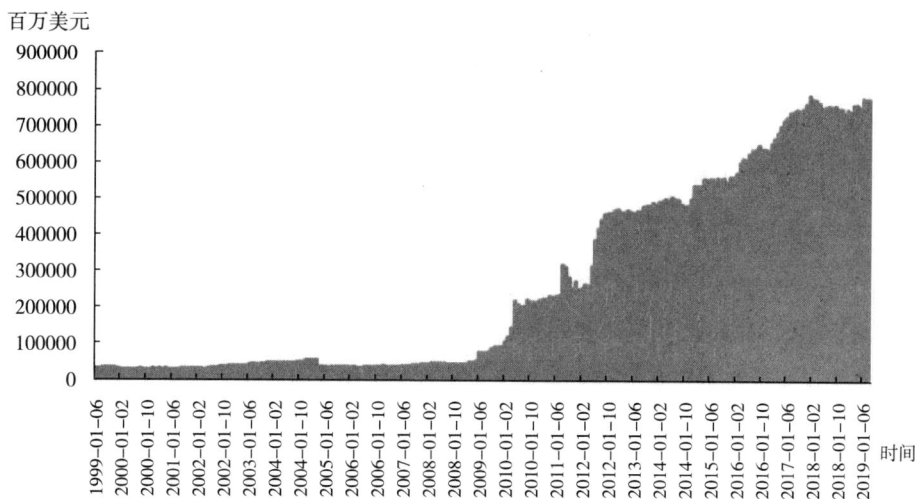

图 10 – 5 瑞士外汇储备

（资料来源：Wind，中信建投证券研究发展部）

10.2 负利率给黄金带来的机会

在金本位时代，黄金具备价值尺度、流通手段、储藏手段、支付手段和世界货币的职能。居民在储藏黄金的时候，是需要向银行支付保管费的。储存成本就成为黄金存款的负利率。当保管费高于储存成本的时候，居民就会将黄金从银行中取出，自行保管。因此，黄金的保管成本就是黄金作为货币的利率下限。

在信用本位时代，黄金已经不再充当货币职能。此时充当货币的是信用。根据现代货币理论，充当货币的信用是政府信用。根据孙国峰（2001，2014）的观点，充当货币的是银行信用。无论是政府信用还是银行信用，黄金都回归商品属性，只有在信用货币信用不足的情况下，才会充当终极货币的职能。持有黄金的成本主要是指机会成本，这也是黄金价格与实际利率之间呈现负相关的重要原因。信用本位下的利率，本质上是资本的回报。当借款到期，借款人直接将货币归还给银行，信用就直接消失。零利率就是信用本位下的货币利率的下限。

在 2008 年金融危机之后，由于利率接近零的水平，主要发达国家采用了 QE、QQE 和负利率等超常规的货币政策工具。最值得关注的是负利率货币供给的使用，因为这将改变利率作为货币时间价值的概念，也会改变金融资产定价的基准，对包括黄金在内的贵金属产生巨大的影响。从实施的范围来看，现阶段主要集中在中央银行对商业银行准备金实施负利率，还未完全蔓延到存款和贷款。

10.2.1 负利率政策的实践

全球实施负利率的中央银行主要包括瑞典、丹麦、瑞士、日本、匈牙利和欧洲央行 6 家，主要目标都是应对 2008 年之后的经济衰退。中央银行实施负利率的目标主要存在稳定汇率和降低基础货币利率两大类。瑞典央行和丹麦央行主要目标是稳定汇率，从而达到应对经济衰退的目标。欧洲央行和日本央行主要是降低基础利率，从而支持实体经济的增长。从操作模式上来看，负利率政策又可以分为统一的负利率政策和分级利率体系下的负利率政策。统一的负利率政策主要是瑞典央行和欧央行，分级利率体系下的负利率政策主要是丹麦央行、瑞士央行和日本央行。

表 10 - 1　全球主要国家负利率政策汇总

央行	负利率开始时间	负利率内容
瑞典央行	2009 年 7 月	下调 7 天回购利率至 0.25%，导致隔夜存款利率下降到 - 0.25%
	2014 年 10 月	下调 7 天回购利率至零，导致隔夜存款利率下调至 - 0.75%
	2015 年 2 月	直接下调 7 天回购利率至 - 0.1%
	2015 年 3 月	直接下调 7 天回购利率至 - 0.25%
	2015 年 7 月	直接下调 7 天回购利率至 - 0.35%
	2016 年 2 月	直接下调 7 天回购利率至 - 0.5%
	2019 年 1 月	上调 7 天回购利率至 - 0.25%

续表

央行	负利率开始时间	负利率内容
丹麦央行	2012 年 7 月	下调 7 天大额定期存单利率至 −0.2%
	2014 年 9 月	上调 7 天大额定期存单利率至 −0.05%
	2015 年 1 月	三次下调 7 天大额定期存单利率至 −0.5%
	2015 年 2 月	下调 7 天大额定期存单利率至 −0.65%，保持至今
欧洲央行	2014 年 6 月	下调隔夜存款便利率 10 个基点至 −0.1%
	2014 年 9 月	下调隔夜存款便利率 10 个基点至 −0.2%
	2015 年 12 月	下调隔夜存款便利率 10 个基点至 −0.3%
	2016 年 3 月	下调隔夜存款便利率 10 个基点至 −0.4%
	2019 年 9 月	下调隔夜存款便利率 10 个基点至 −0.5%
瑞士央行	2014 年 12 月	将隔夜存款利率下调至 −0.25%
	2015 年 1 月	将隔夜存款利率下调至 −0.75%
日本央行	2016 年 2 月	下调超额准备金利率 10 个基点至 −0.1%
匈牙利央行	2016 年 3 月	下调隔夜存款利率至 −0.05%

资料来源：各国央行网站，《全球负利率政策：操作逻辑与实际影响》，中信建投证券研究发展部。

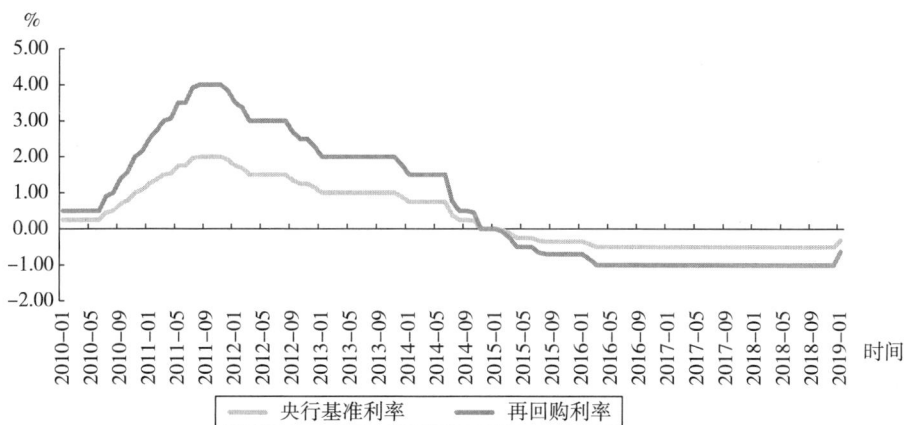

图 10 − 6 瑞典央行的负利率政策

（资料来源：Wind）

瑞典央行和丹麦央行都采用对欧元固定汇率。金融危机之后，欧洲经济陷入了衰退，瑞典克朗和丹麦克朗都存在着升值的压力，这影响到瑞典和丹麦的经济，因此，瑞典和丹麦都采用降低利率的方式来避免货币升值。

2009 年 7 月，瑞典央行宣布将商业银行隔夜存款账户利率由 0 下调到 −0.25%。由于瑞典央行实施利率走廊的调控模式，商业银行在瑞典央行存款利率就是利率走廊的下限，瑞典央行对商业银行的隔夜贷款是利率走廊的上限。瑞典央行是将回购利率作为利率走廊的调控中枢，通过公开市场进行操作以实现利率目标。

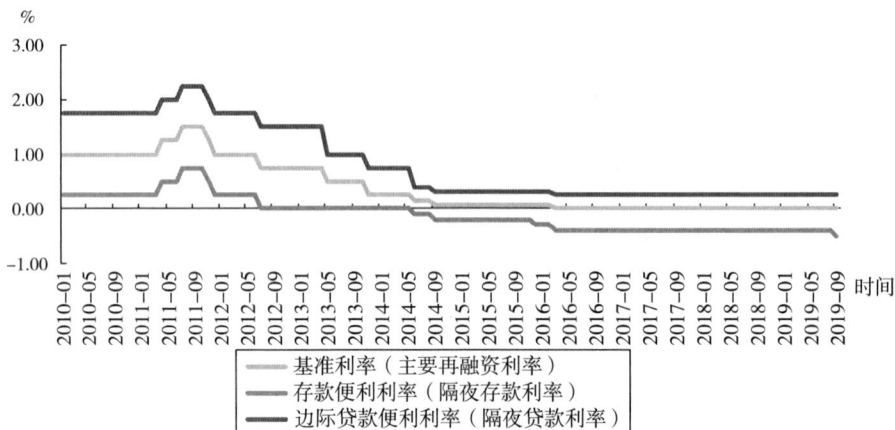

图 10 – 7　欧元区的负利率政策

（资料来源：Wind）

欧洲央行从 2014 年 6 月开始，也实施隔夜存款利率下限下调到 0 以下，而且一直到 2016 年 3 月调到 −0.4%，2019 年 5 月进一步将隔夜存款利率的下限下调到 −0.5%。欧洲央行与瑞典央行类似，采用利率走廊的方式来调控基础货币利率，进而影响实体经济的利率。由于欧洲面临英国退欧、特朗普挑起全球贸易冲突等不确定性，欧洲央行进一步扩大了负利率的范围。

日本央行采用的是分级利率体系实施负利率政策。日本的三级利率体系包括法定准备金（Macro Add – On Balance）、现有超额准备金（Basic Balance）和其他准备金（Policy Rate Balance）三类。在日本的三级利率体系中，法定准备金约 40 万亿日元，现有超额准备金是 210 万亿日元，其他准备金大约 10 万亿日元。2016 年 1 月，日本推出负利率政策的时候，仅仅针对其他准备金，这部分准备金占比大概是 4%，2016 年 1 月，日本实施负利率政策之后，至今保持着基础货币利率目标在 −0.1% 的区间内，东京隔夜利率交易则有效地引导到 0 以下，以引导整个日本经济融资成本的下降。

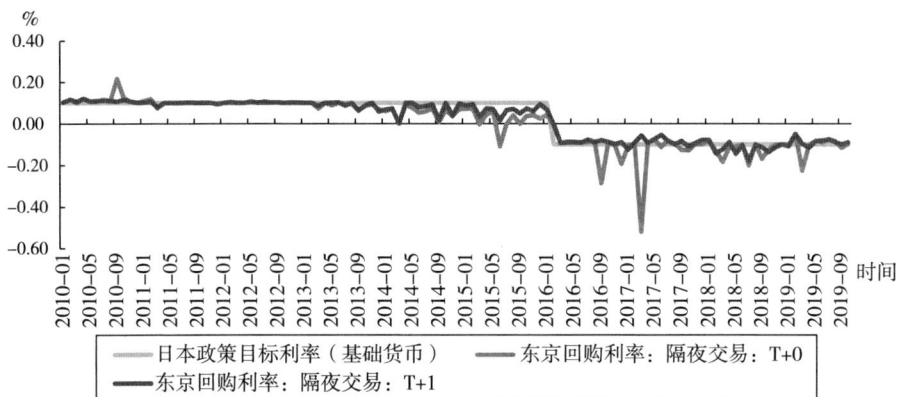

图 10 − 8　日本的负利率政策

（资料来源：Wind）

10.2.2　负利率与黄金价格表现

从最直观的感觉来看，在负利率实施的过程中，黄金作为终极货币必然优于信用货币，实施负利率必然利好黄金。这一点从黄金与信用货币的关系能够推导出来。但是，我们负利率研究过程中发现，负利率的实施主要局限在中央银行的基础货币层面，而且负利率大多在 − 0.5% 以内。孙国峰和何小贝 （2018） 指出，在负利率低于现金或者黄金的储存货币成本之内，那么，不会引起公众囤积现金和金融脱媒的现象。因此，从现阶段负利率的实施来看，并未对现有的信用本位货币体系构成威胁。

考虑到不同货币在全球贸易和外汇储备中的地位，我们主要考察欧元和日元在实施负利率过程中黄金的表现。2014 年 6 月，欧央行在实施负利率的时候，黄金价格存在小幅上涨，随后下跌，并未形成趋势性的机会。2016 年 1 月，日本央行实施负利率政策以来，黄金价格小幅波动，仍然未能形成趋势性的机会。但是，反观美国国债长期实际收益率可以发现，黄

金在 2010—2019 年的过去 10 年中，呈现出稳定的负相关关系。美债的负利
率带来了黄金的趋势性上涨。

图 10 - 9 2010 年以来黄金价格与美国国债长期平均收益率

(资料来源：Wind)

现阶段，全球更多央行开启的负利率调控政策，美债等多国债券步入
负利率，构成了黄金大幅度上涨的基础。如果国家货币公信力下降，公众
会选择转向黄金资产，黄金表现出终极货币的职能，形成趋势性的机会。
这值得我们关注和期待。

第十一章
国家金融安全与黄金战略储备

国家金融安全指货币资金融通的安全和整个金融体系的稳定，在经济全球化加速发展的今天，金融安全在国家经济安全中的地位和作用日益加强。作为整个经济和社会的血液，金融的安全和稳定，直接影响到我国经济与社会的整体发展。如果失去了金融安全，极有可能引起社会动荡。

在当前世界货币金融资产结构里，黄金是唯一非负债性质的资产，唯一具有永久国际货币地位和唯一既能够承受国际风险压力又能够应对国内危机的金融资产，对国家金融安全的保障具有重要的支撑作用。

11.1 国家金融安全的重要性

众所周知，在全球化的今天，金融国际化是大势所趋。国家金融安全问题的提出也是特定历史发展阶段的产物，是金融全球化的产物，更确切地说，金融安全问题是应对金融全球化负面影响的产物。尽管金融全球化促进了世界经济的发展，但不可否认，金融全球化也带来了一些负面影响，金融全球化蕴藏着引发金融危机连锁反应的风险。在金融全球化的发展过程中，与其相伴的蔓延效应使金融危机迅速扩散，产生巨大的波及效应和放大效应，国际金融动荡已成为一种常态。因此，国家金融安全问题被作为应对金融全球化的一个重要战略提出，它已成为国家安全战略的一个重要组成部分。

国家金融安全状态赖以存在的基础是经济主权独立。如果一国的经济发展已经受制于他国或其他经济主体，那么无论其如何快速发展，应当说金融安全隐患始终存在，也就无从谈起金融安全的维护。金融全球化客观上加大了发达国家和发展中国家之间的差距。金融全球化的发展使国际社会日益重视统一标准的制定与实施，由于发达国家掌握了金融全球化的主导权，按发达国家水平制定的规则必然不利于发展中国家，使其难以获得所需的发展资金，从而进一步扩大发展中国家与发达国家的差距。国际经济金融中存在着不平等的客观现实，促使我国不得不关注与重视国家金融安全。

一国维护其金融安全的能力，主要受内在因素、外在因素两方面的影响。

内在因素是指经济体系本身的原因引起的金融形势恶化，包括实体经济和金融体系本身。如果一国发生金融危机，有时可能是从实体经济传导而来。比如，经济衰退导致企业经营效益持续下滑，导致债务不能兑付从而引发金融危机。也有可能是金融体系自身的完善程度引发。比如，该国的宏观经济环境是否与金融体系相协调，即金融体系的正常运行是否有良好的宏观经济环境；金融体系自身制度环境的完善程度，如金融机构的产权制度状况、治理结构状况、内控制度状况等。

外在因素主要是国际金融体系的要素变化对本国金融系统的影响。一国在国际金融体系中的地位极大地影响着其维护金融安全的能力。如该国的货币是否是主要国际储备货币，该国是否拥有制定国际金融规则的主导权。从西方主要发达国家的情况来看，它们不仅拥有相当健全的金融体系，而且在国际金融体系中占据主导地位，从而对国内金融市场和国际金融市场都具有极强的控制操纵能力，维护金融安全的资源极为丰富。与发达国家的状况相反，发展中国家在国际金融领域处于劣势，无力改变甚至难以影响国际金融市场，而且其发育程度低的内部金融市场和脆弱的金融体系往往受制于发达国家金融资本的控制。因此，对大多数发展中国家来说，如果国家金融安全发生了问题，往往会危及经济社会安全。

此外，国际游资的冲击也有可能成为引发国家金融不安全的直接原因。从近年来爆发的金融危机来看，国际游资通常都是将已经出现明显内部缺陷的国家或地区作为冲击的首选目标，特别是那些短期外债过多、本币汇率严重偏离实际汇率的国家或地区往往是首当其冲。国际游资通常采用的手法是：同时冲击外汇市场和资本市场，造成市场短期内的剧烈波动，实现其投机盈利。在国际游资的冲击下，市场的剧烈波动必然影响投资者的市场预期和投资信心，这样就有可能出现市场恐慌，出现资本大量外逃，其结果导致汇率和股票价格的全面大幅度下跌。为了挽救局势、捍卫本币汇率，中央银行往往采用提高利率的方式吸引外资，从而使国内投资、经济形势进一步恶化，陷入恶性循环。东南亚一些国家在 1997 年亚洲金融危机中的情况基本上符合这一过程。

我国的国家金融安全问题已经提到了较高的重视程度，因为其除了直接影响我国的经济稳定外，还间接影响我国的核心价值安全、政治社会安全、社会信息安全等方方面面。正如张红力先生在《金融与国家安全》一书中指出的，金融是有价值取向的，应该在国家安全战略中发挥应有作用；同时，金融是现代经济社会的核心，需要成为保障国家安全的重要抓手。

11.2 国家黄金储备的意义

随着我国经济体量与综合实力的增强，如何维护国家金融安全是一个无法回避的问题；而中美贸易摩擦的不断演化更是加剧了这一问题的紧迫性。与美国高达 8133 吨的黄金储备、3 个月用量以上的石油储备相比，我国 1885 吨黄金储备及尚未公开的石油资源储备，也表明我国增加相关储备的必要性。

11.2.1　黄金储备与国际危机

黄金几乎是唯一能够突破地域、语言、宗教、种族、政治信仰限制的国际公认资产，同时由于体积小、易运输、价值相对稳定、没有被冻结风险等无可替代的特点，可以作为紧急支付手段，在国家战略储备中占有重要位置。

对少有发生但具有极大破坏性的事件，如战争、高通货膨胀等，黄金具备保险功能。1958年、1960年、1976年，我国动用黄金储备，应对生产资料急需、自然灾害；1989年后，西方各国曾一度对我国实行经济封锁，当时中央银行通过国际黄金市场进行了换汇交易；1981年发生在伊朗的美国人质事件中，伊朗拒绝以美元换取人质，最终美国是用50吨黄金达成交易；1991年印度发生短期外汇市场危机时，参加营救的银行首先提出的问题是印度是否有足够的黄金作担保，最终印度政府在瑞士市场用20吨黄金交易后，还运往伦敦46吨黄金作为抵押；1997年的亚洲金融危机中，马来西亚、韩国、泰国都宣布调用民间黄金。

2001年，格林斯潘在美国国会听证会上说："黄金仍然代表着支付的最终形式，有趣的是在战争期间德国仅可以用黄金购买物品，在极端情况下，没有人会接受不兑现的纸币，但人们会接受黄金，它是最终的支付工具，是流通中最稳定的元素，是流通货币的最后价值，从历史观点上说，这就是政府持有黄金的理由。"

2008年，美国出现了次贷危机，其严重程度仅次于20世纪的大萧条，但美国既没有出售其持有的黄金储备，也没有出售其核心科学技术、高科技产品、最新军事装备，已经充分说明了什么是其核心利益与资源。

我国是全球第二大经济体，需要加强对黄金这一战略资源的重视和储备，从而在全球化过程中增强抗御外部危机冲击的能力，有效维护国家的经济与金融安全。

11.2.2 黄金储备与人民币国际化

黄金具有财富贮藏和保值的永久国际清算功能，因此可以为主权货币提供最后的担保，维持货币信用。其对一国货币在国际货币体系中的地位有显著影响，英镑、美元在成为国际货币时，其国家黄金储备分别占到世界的 50% 和 60% 以上；欧洲央行在成立之初就确定了外汇准备金的 15% 以黄金形式持有。2008 年次贷危机的策源地在美国，但危机却未撼动美元作为国际货币的地位，美国的 8133 吨黄金储备也发挥着定海神针的作用。

经过 30 多年的改革发展，我国已经成为高度开放的国家，不仅与世界经济同冷热，而且对世界经济格局的变动发挥着越来越重要的作用。我国已处在一个新的历史起点，我国是"一带一路"倡议的发起国与主导国，并且人民币要实现国际化，必须具有普遍接受性和价值稳定性，增加黄金储备有助于提高人民币在国际市场的信誉，提高人民币的"含金量"和信誉度。由于人民币国际化这一国家战略的展开，主要货币之间的竞争不可避免，在国际金融风云变幻的未来，坚实的黄金信用基础将有助于人民币成为强势货币而奠定国家金融崛起的基础。

次贷危机以来，在世界各国政治经济博弈中，我们再次清晰地看到了黄金储备作为金融稳定、国家经济安全之"锚"的特殊重要作用。为赢得后金融危机时期的新变化与新挑战，特别是有效推进人民币国际化进程，我国除了要有庞大的经济规模、庞大的外汇储备支撑外，应该也必须将黄金储备作为不可忽视的重要参数，加大黄金战略储备可以为人民币的币值稳定提供有力支撑。

11.2.3 黄金储备与汇率风险

我国持有大量的外汇储备，并且主要以美元资产为主。以美元计价的黄金价格和美元汇率呈现显著的负相关性。因此持有黄金储备可以有效地对冲美元贬值带来的储备资产价值缩水的风险。既可以减少我国外汇储备的损失，又可以为人民币的币值稳定提供有力支撑。

十几年前的次贷危机中，由于中国的黄金储备在外汇储备比例明显偏低，在美国次贷危机美元剧烈贬值的过程中，中国外汇储备损失严重。例如，从美国次贷危机爆发的 2007 年 8 月 9 日至 2008 年 4 月 9 日的 8 个月期间，人民币从 1 美元兑换 7.5663 元人民币升值到 7.0017 元人民币，美元贬值幅度达 7.46%，假设以彼时 1.5 万亿美元的外汇储备中 90% 为美元计算，中国总共损失了 1000 亿美元。而如果我国的黄金占外汇储备比例不是 1% 而是 25% 的话（这一水平为欧美的一半左右），黄金从 2007 年 8 月 9 日的 662 美元/盎司上涨到 2008 年 4 月 9 日的 935 美元/盎司，黄金价格上涨所获得的收益可以对冲我国的美元储备损失。

表 11-1 为彼时 8 个月（2007 年 8 月 9 日至 2008 年 4 月 9 日）各国外汇储备损失的估算表，从此表大致可以看出，除外汇储备政策受制于美国的日本之外，我国的外汇储备损失高居前列。

表 11-1   次贷危机爆发期间主要国家和地区的外汇储备损失

排名	国家和地区	外汇储备损失（亿美元）
1	日本	1456
2	中国	1035
3	中国台湾	325
4	瑞士	74
5	法国	65
6	德国	64
7	意大利	39
8	西班牙	17
9	欧洲央行	17

11.3   我国黄金储备占比严重偏低

在欧美国家普遍贬低黄金地位的同时，却牢牢掌握着绝大部分黄金战略储备。从 2014 年的数据来看，全球发达国家的外汇储备中，美元占比达到了 50%，黄金占比 19%；在发展中国家的外汇储备中，美元占比 58%，黄金占比只有 3%。但发展中国家已普遍意识到黄金储备的重要性，均在不断增持黄金储备，调查中几乎无一家央行计划减持黄金储备。

各国央行连续十年成为黄金净买家，2019 年全球黄金储备增加 650.3 吨，这是 50 年来第二高的年度增量。目前，世界主要国家的黄金储备情况见表 11 - 2。

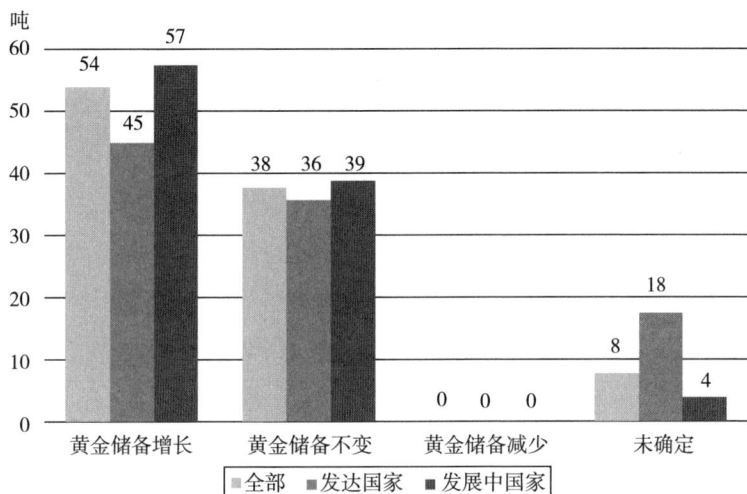

图 11 - 1 部分国家央行黄金储备的增减计划情况

表 11 - 2 主要国家的黄金储备情况

黄金储备名次	国家	黄金储备（吨）	黄金占外汇储备比例（%）
1	美国	8133	75
2	德国	3369	70
3	意大利	2452	66
4	法国	2436	60
5	俄罗斯	2168	18
6	中国	1885	3
7	瑞士	1040	5.5
8	日本	765	2.5

黄金储备名次	国家	黄金储备（吨）	黄金占外汇储备比例（%）
9	荷兰	612	65
10	印度	608	6.3

从表 11－2 可以看出，除日本的黄金储备受制于美国而偏低之外，我国的黄金储备占外汇储备的比例无论与发达国家，还是与发展中国家相比，都处于严重偏低的状态。根据本书第九章提出的，一国宜保持黄金储备在国际储备中占有 10% 这一比例。以我国目前约 3.1 万亿美元的国际储备来计算，理论上宜持有 5000～6000 吨黄金。

11.4　加强我国黄金战略储备的几点建议

由于我国外汇储备规模大，短期内很难像欧美国家那样使黄金储备成为外汇储备的主渠道。特别是当前国际金价在约 5000 万美元一吨的价格，也提高了增加黄金储备的难度。风物长宜放眼量，我国需要制定更加清晰的国家黄金战略，从长远利益出发，持续做大黄金储备规模，逐步成为一个与自身经济实力相称的黄金储备国。从目前条件看，应该国际市场增持与国内黄金资源整合两项并举，来积极规划和大力推进国家黄金战略储备。加大我国黄金战略储备的具体措施可以包括以下几点：

（1）黄金资源的行业整合

针对目前国内黄金领域存在的行业集中度过低、资源掠夺性开发情况严重、外资进入造成威胁、矿山环境污染严重等现状，国家应出台相关政策，对外资和民营企业进入黄金行业设置行业壁垒，以国有黄金企业为龙头，对现有国有黄金规模企业进行股权行政性划拨，加快国有黄金企业的整合；对国有黄金企业加大注入资本金，通过市场并购重组，收购现有民营和外资股权，提高行业集中度；通过国有黄金企业在海外收购金矿，为黄金战略储备提供长期性的资源准备；国有黄金企业还可与武警黄金部队进行紧密合作，真正实现黄金行业勘探、开采、生产的产业价值链，通过产业链整合打造黄金航母。

（2）建立国家、企业、居民联合储藏

基于黄金储备的稀缺性，国家应是黄金储备的主体。但由于在国际市场上大量购买的操作难度较大，可在国家储备的基础上，建立国家、企业、居民等多个主体联合储藏，增加非官方的黄金储备，鼓励"藏金于民"。1997 年亚洲金融危机期间，韩国便有居民捐金助国家度过金融危机之举。当年韩国政府为了获得国际货币基金组织的贷款，发动广大民众，收集民间藏金约 250 吨，并将其兑换成外汇以弥补贸易缺口，黄金在化解金融危机中的作用得到充分体现。

在鼓励藏金于民的同时，有关部门应积极鼓励黄金的金融创新业务，增加黄金产品供给，包括黄金票据、黄金债券、白银债券、黄金信用担保、黄金抵押贷款、黄金银行、电子黄金支付、黄金承兑业务、黄金清算系统、黄金期权期货等衍生产品。通过这些措施，鼓励民间参与到黄金投资中来，实现"藏金于民"，刺激黄金的生产和进口。

（3）建立黄金专项基金

国家有关主管部门可授权国有黄金企业设立黄金专项基金，该专项基金向国内资本市场发行本息均以黄金实物结算的黄金票据，发行所得的人民币全部用于购买进出口行业和其他部门的外汇。黄金专项基金所购外汇（主要是美元）在国际市场上以商业行为买入黄金实物，当所发行的黄金票据到期结算时，将黄金实物交割给黄金票据的投资人。

之所以选择由企业来操作黄金基金的原因在于，如果人民银行直接操作，目标太大，黄金进口容易引起国际上的压制，企业操作就可视为纯粹的商业行为。人民银行可以通过下放成品金进口权的方式进行总量管理；国家也可考虑直接用外汇储备购买一定数量的黄金票据，间接加大国家黄金战略储备。

（4）强化市场定价权，加强黄金交易市场协同

中国已经是全球最大的实物黄金消费国、黄金生产及黄金加工国，黄金产量连续 12 年保持世界第一，大型黄金企业产量所占比重继续提升；黄金消费继续保持增长，连续 6 年位居世界第一。但目前世界黄金定价权交易体系仍由美国和英国主导，主要在英国伦敦黄金市场及美国纽约商品期货交易所（COMEX）。

我国黄金市场建立后，黄金交易量逐年提升，已具备黄金定价权的市场基础。目前，我国的黄金市场主要有由中国人民银行管理的上海黄金交易所及由中国证监会管理的上海期货交易所。两个交易所可加强黄金品种交易的协同，不断完善市场制度建设，并加强与国际市场的合作，推动境内外黄金市场金融基础设施的互联互通，为境内外黄金市场的投资者、交易者搭建更加便利的市场环境。

上海黄金交易所已分两个步骤实施延长交易时间，对接国际市场：自 2019 年 6 月 10 日起，上金所在竞价市场增加 11 时 30 分至 13 时 30 分交易时段，交易时长延至 13 个小时。自 2020 年 1 月 1 日起，上金所在竞价市场再增加 2 时 30 分至 9 时交易时段，使得竞价交易时长达到 19.5 个小时；询价市场增加 17 时至 19 时 30 分交易时段，使询价交易时长达 10.5 个小时。延长交易时间后，上金所每个交易日交易时长达到 23 个小时 30 分钟。这意味着，上金所交易时间可以覆盖到全球主要交易时段，为国内外投资者提供全天候的投资交易。

第十二章
结束语

12.1　总结与创新点

黄金是人类历史上的一颗明珠，它已经跨越政治制度、种族文化、经济发展程度，成为人类财富的象征。在现代社会，黄金不仅被用作饰品、工业和现代新兴技术产业的重要原材料来源，也被用作重要的国际支付手段和财富储备载体；不仅被投资者当作危机时候资金的避风港，也被当作规避通货膨胀风险的投资工具。此外，黄金还是反映市场风险溢价水平的重要指标，并通过影响资产定价的风险溢价水平，来影响资本市场的其他资产的价格。

由于有悠久的历史，黄金经历了从商品到货币再到商品的过程。黄金市场蓬勃发展，也是全球重要的商品和金融交易市场。经过梳理，将黄金产品、黄金市场系统地进行了分析，为读者提供了黄金市场的悠久的历史和全貌。

从定价来看，正是由于黄金的多重属性，黄金的价格决定机制较一般普通商品更为复杂，不仅仅是简单的黄金商品供求决定机制，还包括黄金的财富储值、投资、投机等货币、避险属性共同作用的结果。从我们对黄金资产定价多年的研究来看，我们认为影响黄金的因素较多，且在不同的宏观经济周期时期，其主要的驱动变量会有漂移。因此，我们从多个角度研究了黄金的定价问题，并提出了几个具有理论意义和实际用途的黄金定价模型。

具体而言，我们仔细梳理了过去学者研究黄金的文献，按黄金的大宗商品、货币以及投资避险三大属性，黄金市场及黄金定价，黄金对货币体系影响的顺序回顾了过去学者对于黄金研究的成果，并在前人的基础上，引入一些新的金融指标和资产价格（比如，美国国债 CDS 利差，通胀保护债券 TIPS、加权马歇尔 K 值等）来研究黄金的定价模型，研究发现：这些新的宏观指标和资产价格能更有效地反映相关的宏观、市场因子对黄金价格的影响和驱动作用，为今后的学者研究黄金定价提供一些可供参考的资料，同时也有利于投资者进行黄金的交易。我们的主要研究结果包括：

在金融危机期间，我们综合考虑黄金的大宗商品、货币和投资避险属性，将黄金价值分解为：商品基准价值、基于汇率的"隐性货币价值"和主权国家信用违约的风险溢价，并分别以大宗商品 CRB 指数、美元指数和美国国债 CDS 利差作为代理变量对其进行定价研究。从黄金的大宗商品、货币以及投资避险属性出发，提出黄金的三因素定价模型，研究表明：美元指数 USDX 负向驱动黄金价格、大宗商品指数 CRB、美国国债指数 CDS 正向驱动黄金价格；其中美元指数滞后一阶、美国国债 CDS 利差滞后二阶价格信息对黄金价格的影响非常显著。

通过研究实际利率与黄金价格走势，我们发现实际利率预期较实际利率本身更能影响黄金的价格走势，我们用美国国债利率与通货膨胀率的差来测度实际利率，用通胀保护债券 TIPS 收益率来测度实际利率预期，并通过大样本实证得出实际利率预期对黄金价格有显著影响。

我们还发现近十年来黄金的商品需求在逐步下行，而投资需求在不断攀升，各国央行投放的过量流动性是黄金的投资需求持续上升的根本原因。

在本书中，我们通过构造加权马歇尔 K 值来测度全球流动性，并通过实证研究加权马歇尔 K 值和黄金价格的变动得出结论：流动性是决定长期黄金价格走势的重要因素。

此外，我们还研究了黄金在国际货币体系变迁中地位的变化，以及未来国际货币体系变革过程中黄金可能发挥的作用。本书将国际货币体系可能的变革分为国际货币体系改良以及国际货币体系改革两种情况，并分别探讨了这两种情况下黄金地位的变化以及其价格可能出现的走势。面对负利率等新的宏观环境和数字货币的挑战，我们系统地分析了避险资产之间的属性，凸显了黄金终极货币的避险属性。数字货币并不能对黄金构成挑战。

概括起来，本书的创新点如下：

（1）国内外学者从不同的思路出发对黄金市场收益、风险及黄金定价问题进行了有益的研究。但现有文献的普遍缺陷在于：大部分文献是从某一单一角度出发（如通货膨胀的影响，投资、投机需求的影响，汇率的影响等）去研究黄金的定价问题，它们较多地考虑其货币属性和大宗商品属性，而较少考虑其投资避险属性；同时，由于过去的文献较早，因此无法引入一些新的金融指标和资产价格来考虑黄金的定价模型，这些新的金融指标和资产价格能更有效地反映相关的宏观、市场因子对黄金价格的影响，如大宗商品 CRB 指数能综合反映全球大宗商品走势，通胀保护债券 TIPS 收益率能有效测度实际利率预期，美国国债 CDS 利差能有效反映政府（现行货币体系）信用违约的概率；而我们引入这些新的金融指标和金融产品，构建了一个综合考虑黄金大宗商品、货币和投资避险属性的三因素定价模型，将黄金的价值分解为：大宗商品基准价值、基于汇率的"隐性货币价值"和主权国家信用违约的风险溢价，并分别以大宗商品 CRB 指数、美元指数和美国国债 CDS 利差等资产价格作为代理变量对其进行定价研究。

（2）我们提出用美国国债利率与通货膨胀率的差来测度实际利率，用通胀保护债券 TIPS 收益率来测度实际利率预期，并研究了实际利率预期及实际利率对黄金价格的影响。

（3）我们研究了宏观经济流动性的变化对黄金价格的影响，通过构造加权马歇尔 K 值，来测度宏观经济流动性，并研究了加权马歇尔 K 值变化和黄金价格走势的关系，得出了长期看来，宏观经济流动性对黄金价格有着显著影响。

（4）我们尝试探讨了黄金在国际货币体系变迁中地位的变化，以及未来国际货币体系变革过程中黄金可能发挥的作用。文中将国际货币体系变革具体分为两种可能性——一是国际货币体系的改良，二是国际货币体系的改革，并分别探讨了这两种情况下黄金地位的变化以及其价格可能出现的走势。

（5）避险资产之间也存在着差异。我们系统比较了黄金与日元、美元和瑞士法郎之间的避险属性，结果发现：低融资成本、价值稳定、本国外币资产头寸庞大、具有流动性良好的金融市场是避险资产形成的主要条件。除此之外，日元的避险属性主要是由套息交易产生的，它规避的风险是亚洲地区的市场风险。美元的避险属性主要是由美元本位币的地位所决定的，它规避的是新兴市场经济和金融风险。瑞士法郎的避险属性是由瑞士的中立国地位产生的，它规避的是全球战争风险。黄金的避险属性规避的是货币体系崩溃和战争风险，因此在风险定价的驱动力是不同的，投资者需要正确选择。

（6）数字货币形成了新型的资产，对黄金构成了挑战。经过研究我们发现数字货币并不能替代黄金。数字货币不依靠特定货币机构发行，它依据特定算法，通过大量的计算产生，使用整个 P2P 网络中众多节点构成的分布式数据库来确认并记录所有的交易行为，并使用密码学的设计来确保货币流通各个环节安全性，也具备稀缺性的特征。但是数字货币波动性远高于黄金资产，市场深度和流动性低，供需关系不稳定，监管规则不够成熟，因此，数字货币应该归为风险资产，而不是黄金的替代品。

12.2 研究展望

从黄金相关研究的几十年发展历程来看，黄金定价研究理论已成为其重要组成部分。

我们在黄金定价模型方面做了一些工作，具体包括：流动性与黄金定价模型，实际利率预期与黄金定价模型，金融危机时期的黄金定价模型，战争期间的黄金价格，以及国际货币体系变革与黄金价格变动，但还远远不够。正如我们前文所述黄金的属性较多，价格决定机制也较复杂，因此其定价问题应有其他的模型值得后人研究。如黄金价格还受投机、套保仓位的影响，因此也有部分学者提出了相关的黄金投资仓位模型。

此外，我们还意识到：黄金与美元一起是全球资产定价中可用于测度风险溢价水平（Risk Premium）的重要因子，因此研究黄金、风险溢价以及其他资产定价问题是我们希望涉足的领域；黄金还与国家外汇储备配置有很大关系，我们和国家外汇管理局、中国投资公司等相关的外汇管理人士进行过多次有益的探讨，对黄金作为国家外汇资产配置的重要标的有深刻认识，研究黄金与外汇资产配置也是一个很有意义且具有一定挑战的问题。鉴于多方面的约束，在本书中未予以体现，这也是我们未来的研究方向之一。

参考文献

[1] 陈千里，周少甫. 上海指数收益的波动性研究 [J]. 数量经济技术经济研究，2002，18（6）：122-125.

[2] 陈文殊，申世军. 国外通胀指数债券市场发展及启示——以美国 TIPS 为例 [J]. 价格理论与实践，2011（4）：12-21.

[3] 范为. 再谈大类资产配置中的黄金 [J]. 金市观察，2009（4）：42-47.

[4] 范为，陈宇. 中国权证市场认购权证的价格偏误研究 [J]. 管理学报，2007（8）：245-262.

[5] 范为，房四海. 金融危机期间黄金价格的影响因素研究 [J]. 管理评论，2012，24（3）：3-11.

[6] 范为，宋鸿兵，房四海. 黄金联结债券定价研究 [R]. 宏源证券研究报告——金融工程系列12，2008（9）.

[7] 范为，宋鸿兵. 基于均值—VaR 的大类资产配置 [J]. 金市观察，2008（3）：36-41.

[8] 傅世昌. 变执行价格认股权证定价研究 [J]. 云南财贸学院学报，2005，20（5）：42，48.

[9] 傅瑜. 近期黄金价格波动的实证研究 [J]. 产业经济研究，2004，

8（1）：30－40.

［10］胡海鹏，方兆本．AR－EGARCH 模型对中国股市波动性的拟合分析［J］．系统工程，2002，12（4）：31－36.

［11］胡乃联，宋鑫．自适应过滤模型在黄金价格预测中的应用［J］．黄金，1999，14（5）：16－24.

［12］李刚，范为．认购权证负溢价现象和隐含波动率研究［J］．运筹与管理，2008，17（6）：99－106.

［13］李俊青．虚拟经济波动复杂性研究［J］．南开经济研究，2004，19（6）：29－31.

［14］刘曙光，胡再勇．黄金价格的长期决定因素稳定性分析［J］．世界经济研究，2008，23（2）：35－41.

［15］欧诗德，杨善朝．认股权证价格过程的风险分析［J］．系统管理学报，2008，17（6）：675－679.

［16］欧阳芳，余其昌．浅议我国外汇储备的结构管理［J］．技术经济管理，2001，23（6）：12－15.

［17］裴蕾．研究我国权证市场套利机会的实证分析［J］．财经论坛，2006（10）：337－338.

［18］冉生欣．现行国际货币体系研究［D］．华东师范大学，2006.

［19］宋铁波，陈建国．当前我国外汇储备币种组合分析［J］．南方金融，2001，11（4）：19－25.

［20］宋永明．指数化债券的理论与实践［J］．金融研究，2003（9）：22－30.

［21］王文杰，部慧，陆凤彬．金融海啸下我国黄金期货市场波动性的实证分析［J］．管理评论，2009，21（2）：77－83.

［22］温博慧．国内外黄金价格波动性及其演化的实证研究［J］．世界经济情况，2008，29（10）：59－64.

［23］吴江，阮彤．股权分置结构与中国上市公司融资行为［J］．金融研究，2004（6）：56 - 67.

［24］兴业证券．黄金上涨趋势确立，投资渠道该如何选择？［R］．兴业证券研究报告，2020，4.

［25］杨柳勇，史震涛．黄金价格的长期决定因素分析［J］．统计研究，2004，25（6）：21 - 24.

［26］杨叶．黄金价格和石油价格的联动分析［J］．黄金，2007，28（2）：4 - 7.

［27］岳朝龙．上海股市收益率 GARCH 模型族的实证研究［J］．数量经济技术经济研究，2001，17（6）：126 - 129.

［28］翟敏，华仁海．国内外黄金市场的关联研究［J］．产业经济研究，2006，10（2）：30 - 35.

［29］张彦．国外通胀指数债券的发展、运作机理及借鉴［J］．国际金融研究，2006（2）：69 - 73.

［30］郑秀田．基于 GRACH - M 模型的黄金市场风险与收益关系研究［J］．黄金，2008，29（5）：4 - 7.

［31］周小川．关于改革国际货币体系的思考［A］．中国人民银行网站，2009，3.

［32］A. Escribano, J. Granger. Investigating the relationship between gold and silver price［J］. Journal of Forecasting, 1998, 17（2）: 81 - 107.

［33］A. Monroe, A. Cohn. The relative efficiency of the gold and treasury bill futures markets［J］. The Journal of Futures Markets, 1986, 6（3）: 477 - 493.

［34］B. Adrangi, A. Chatrath, and C. Raffiee. Economic activity, inflation, and hedging: the case of gold and silver investments.［J］. Journal of Wealth Management, 2003（6）: 60 - 77.

［35］ B. Goodman. The price of gold and international liquidity ［J］. Journal of Finance, 1956, 11（1）: 15 –28.

［36］ B. Larsen, R. McQueen. REITs, real estate, and inflation: lessons from the gold market ［J］. Journal of Real Estate Finance and Economics, 1995 （10）: 285 –297.

［37］ B. Ramaprasad. Information flow between price and trading volume in gold futures contracts ［J］. International Journal of Business and Economics, 2004 （3）: 45 –56.

［38］ C. Ball, A. Roma. Stochastic volatility option pricing ［J］. Journal of Financial and Quantitative Analysis, 1994 （29）: 589 –607.

［39］ C. Ball, W. Torous, and A. Tschoegl. Gold and the weekend effect ［J］. Journal of Futures Markets, 1982, 2（2）: 175 –182.

［40］ C. Ciner. On the longrun relationship between gold and silver prices: a note ［J］. Global Finance Journal, 2001, 12（2）: 299 –303.

［41］ C. Cox, S. Ross, and M. Rubinstein. Option pricing: a simplified approach ［J］. Journal of Financial Economics, 1979（7）: 229 –264.

［42］ C. Downing, R. Stanton, and N. Wallace. An empirical test of a two factor mortgage valuation models: how much do house prices matter ［J］. Real Estate Economics, 2005, 33（4）: 681 –710.

［43］ C. Forrest, C. Terence, and G. Wood. Gold as a hedge against the dollar ［J］. Journal of International Financial Market, Institutions and Money, 2005, 15（2）: 343 –352.

［44］ C. Jackwerth, M. Rubinstein. Recovering probability distributions from option prices ［J］. Journal of Finance, 1996（51）: 1611 –1631.

［45］ C. Luis, N. Solomos. Effective exchange rates and the classical gold standard adjustment ［J］. American Economic Review, 2005, 95（4）: 1259 –1275.

[46] C. Veld. Analysis of equity warrants as investment and finance instruments [M]. Tilburg University Press, Tilburg, Netherlands, 1992.

[47] C. Veld. Warrant pricing: a review of empirical research [J]. European Journal of Finance, 2003, 6 (9): 61 -91.

[48] D. Breeden. An intertemporal asset pricing model with stochastic consumption and investment opportunities [M]. Stanford University Press, Carlifolia, 1979.

[49] D. Galai, Schneller M. Pricing of warrants and the value of the firm [J]. Journal of Finance, 1978 (47): 80 -81.

[50] D. Heath, R. Jarrow, and A. Morton. Contingent claim valuation with a random evolution of interest rates [J]. Review of Futures Markets, 1990 (9): 54 -76.

[51] D. Hiller, R. Faff. Do precious metals shine? an investment perspective [J]. Financial Analyst Journal, 2006, 62 (2): 15 -21.

[52] D. Kremer, R. Roenfeldt. Warrant pricing: jump -diffusion vs. Black - Scholes [J]. Journal of Financial and Quantitative Analysis, 1993 (28): 255 -272.

[53] D. Leonard, M. Solt. On using the Black -Scholes model to value warrants [J]. Journal of Financial Research, 1990 (13): 81 -92.

[54] D. Li. On default correlation: a copula approach [J]. Journal of Fixed Income, 2000, 9 (4): 43 -54.

[55] D. Madan, E. Seneta. The variance gamma model for share market return [J]. Journal of Business, 1990 (63): 511 -524.

[56] D. Nelson. Conditional heteroscedasticity in asset returns: a new approach [J]. Econometrica, 1991 (59): 347 -370.

[57] D. Ranson, C. Wainwright. Inflation protection: why gold works better

than Linkers [C]. The World Gold Council, 2005.

[58] E. Blose, P. Shieh. The impact of gold price on the value of gold mining stock [J]. Review of Financial Economics, 1995 (4): 125 – 139.

[59] E. Blose. Gold price risk and the returns on gold mutual funds [J]. Journal of Economics and Business, 1996 (48): 499 – 513.

[60] E. Blose. Gold prices, cost of carry, and expected inflation [J]. Journal of Economics and Business, 2009, 62 (2): 35 – 47.

[61] E. Fama, K. French. The cross – section of expected stock returns [J]. Journal of Financial Studies, 1992, 47 (2): 427 – 466.

[62] E. Fama. Multi – period consumption – investment decisions [J]. American Economic Review, 1970 (60): 163 – 174.

[63] E. Noreen, M. Wolfson. Equilibrium warrant pricing models and accounting for executive stock options [J]. Journal of Accounting Research, 1981 (7): 384 – 398.

[64] E. Tschoegl. Efficiency in the gold market [J]. Journal of Banking and Finance, 1980, 4 (4): 371 – 379.

[65] F. Black, M. Scholes. The pricing of options and corporate liabilities [J]. Journal of Political Economy, 1973 (81): 637 – 659.

[66] F. Black. Fact and fantasy in the use of options [J]. Financial Analysts Journal, 1975 (31): 36 – 41.

[67] F. Black. The pricing of commodity contracts [J]. Journal of Financial Economics, 1976 (3): 167 – 179.

[68] F. Chow. Arbitrage, risk premium, and cointegration tests of the efficiency of futures markets [J]. Journal of Business Finance and Accounting, 2001 (28): 693 – 713.

[69] F. Fama, R. French. Business cycles and the behavior of metal prices

[J]. Journal of Finance, 1988 (43): 1075 – 1093.

[70] G. Baur, M. Lucey. Is gold a hedge or a safe haven? an analysis of stocks, bonds and gold [J]. Eastern Finance Association, 2010, 45 (2): 217 – 229.

[71] G. Debreu. The theory of value: an axiomatic analysis of economic equilibrium [M]. Yale University Press, 1959.

[72] G. Grudnitski, L. Osburn. Forecasting S&P and gold futures prices: an application of neural networks [J]. Journal of Futures Markets, 1993, 13 (6): 631 – 643.

[73] G. Schulz, S. Trautmann. Robustness of option – like warrant valuation [J]. Journal of Banking and Finance, 1994, 18 (5): 841 – 859.

[74] G. Schulz, S. Trautmann. Robustness of option – like warrant valuation [J]. Journal of Banking and Finance, 1994 (18): 841 – 859.

[75] H. Chua, G. Sick, and S. Woodward. Diversifying with gold stocks [J]. Financial analyst Journal, 1990, 46 (4): 76 – 79.

[76] H. Gemmill, S. Thomas. Warrants on the London stock exchange: pricing biases and investor confusion [J]. European Finance Review, 1997 (1): 31 – 49.

[77] H. Heller, M. Knight. Reserve – currency preferences of central banks [M]. Princeton Essays in International Finance, 1978.

[78] H. Kuwahara, A. Marsh. The pricing of Japanese equity warrant [J]. Management Science, 1992 (38): 1610 – 1641.

[79] J. Arrow, G. Debreu. Existence of a competitive equilibrium for a competitive economy [J]. Econometrica, 1954, 22 (3): 265 – 290.

[80] J. Batten, C. Ciner, and L. Brain. Structure in gold and silver spread fluctuations. Working Paper, SSRN, 2007.

[81] J. Batten, L. Brian. Volatility in the gold futures market [J]. International Integration Studies, 2007 (2): 101 – 103.

［82］J. Brennan, S. Schwartz. Convertible bonds: valuation and optimal strategies for call and conversion ［J］. Journal of Finance, 1977 (32): 1699 – 1715.

［83］J. Cai, Y. Cheung, and M. Wong. What moves the gold market? ［J］. Journal of Futures Markets, 2001, 21 (3): 257 – 278.

［84］J. Carter, G. Affleck, and H. Money. Are gold shares better than gold for diversification? ［J］. Journal of Portfolio Management, 1982 (9): 52 – 55.

［85］J. Cox, J. Ingersoll, and S. Ross. A thoery of the term structure of interest rate ［J］. Econometrica 1985, 53 (2): 385 – 407.

［86］J. Cox, J. Ingersoll, and S. Ross. An intertemporal general equilibrium model of asset prices ［J］. Econometrica 1985, 53 (2): 363 – 384.

［87］J. Cox, S. Ross, and M. Rubinstein. Option pricing: a simplified approach ［J］. Journal of Financial Economics, 1979 (7): 229 – 264.

［88］J. Cox, S. Ross. The valuation of option for alternative stochastic process ［J］. Journal of Financial Economics, 1976 (3): 145 – 166.

［89］J. Gonzalo. Five alternative methods of estimating long – run equilibrium relationship ［J］. Journal of Econometrics, 1994, 60 (1): 203 – 233.

［90］J. Hull, A. White. Pricing interest rate derivative securities ［J］. Review of Financial Studies, 1990 (3): 573 – 592.

［91］J. Hull. Options, futures and other derivatives ［M］. 6th Edition, Prentice Hall, 2005.

［92］J. Ingersoll. A contingent claims valuation of convertible securities ［J］. Journal of Financial Economics, 1977, 4: 289 – 322.

［93］J. Jaffe. Gold and gold stocks as investments for institutional portfolios ［J］. Financial Analysts Journal, 1989, 45 (2): 53 – 59.

［94］J. Lintner. Portfolios and capital budgets ［J］. Review of Economics and Statistics, 1965, 47 (1): 13 – 37.

［95］ J. McConnell, S. Schwartz. Taming LYONS ［J］. Journal of Finance, 1986, 41 (3): 561 – 576.

［96］ J. Tobin. The interest – elasticity of transactions demand for cash ［J］. Review of Economics and Statistics, 1956, 38 (3): 241 – 247.

［97］ J. Uricht. Models of fluctuation in metal futures prices ［J］. Journal of Futures Markets, 2000, 20 (2): 219 – 241.

［98］ J. Kim. An alternative approach to dividend adjustments to option pricing models ［J］. Journal of Financial Engineering, 1995 (4): 351 – 373.

［99］ L. Brian, T. Edel. Seasonality, risk and return in daily COMEX gold and silver data 1982—2002 ［J］. Applied Financial Economics, 2006, 16 (3): 319 – 333.

［100］ L. Heston. A closed – form solution for options with stochastic volatility, with application to bond and currency options ［J］. Review of Financial Studies, 1993 (6): 327 – 343.

［101］ L. Johansen. A multi – sectoral study of economic growth ［M］. North-Holland, 1960.

［102］ L. Sjaastad, F. Scacciavillani. The price of gold and the exchange rate ［J］. Journal of International Money and Finance, 1996 (15): 879 – 897.

［103］ L. Sjaastad. The price of gold and the exchange rates: once again ［J］. Resource Policy, 2008 (33): 118 – 124.

［104］ L. Treynor. How to rate management of investment funds ［J］. Harvard Business Review, 1965, 43 (1): 63 – 75.

［105］ M. Dooley, P. Isard, and M. Taylor. Exchange rate, country preference, and gold. Working Paper, IMF, July, 1992.

［106］ M. John, B. Mark. Conditional Monte Carlo: a simulation technique for stochastic network analysis ［J］. Management Science, 1971, 18 (3): 207 – 217.

［107］ M. Markowitz. Portfolio selection ［J］. Journal of Finance, 1952, 7 (1): 77 –91.

［108］ M. Rubinstein. Implied binomial trees ［J］. Journal of Finance, 1994 (49): 771 –818.

［109］ M. Stein, C. Stein. Stock price distribution with stochastic volatility: an analytic approach ［J］. Review of Financial Studies, 1991 (4): 727 –752.

［110］ M. Wahab, R. Cohn, and M. Lashgari. The gold – silver spread: integration, cointegration, predictability and ex – ante arbitrage ［J］. Journal of Future Markets, 1994, 14 (6): 707 –756.

［111］ N. Hakansson, W. Ziemba, and R. Vickson. Optimal investment and consumption strategies under risk for a class of utility functions ［J］. Econometrica, 1970, 38 (9): 587 –607.

［112］ O. Vasicek. An equilibrium characterization of the term structure ［J］. Journal of Financial Economics, 1977, 11 (5): 177 –188.

［113］ P. Antonino, P. Franco, and D. David. Forecasting gold price changes: rolling and recursive neutral network models ［J］. Journal of Multinational Financial Management, 2007 (322): 1 –11.

［114］ P. Krugman. The eternal triangle – explaining international financial perplexity ［M］. International Economics: Theory and Policy, 6th edition, Addison Wesley, 2003.

［115］ R. Aggarwal, A. Soenen. The nature and efficiency of the gold market ［J］. Journal of Portfolio Management, 1988 (14): 18 –21.

［116］ R. Brooks, R. Faff, M. McKenzie, and H. Mitchell. A multi – country study of power arch models and national stock market returns ［J］. International Money Finance, 2000 (19): 377 –397.

［117］ R. Cox. Regression models and life – tables ［J］. Journal of the Royal Statistical Society, 1972, 34 (2): 187 – 220.

[118] R. Daly. Tactical asset allocation to gold, working paper, Korea Bank, 2005.

[119] R. Engle, D. Li, and R. Russell. Estimating time varying risk premium in the term structure: the ARCH Model [J]. Econometrica, 1987 (55): 391 – 407.

[120] R. Gemmill, S. Thomas. Warrants on the London stock exchange: pricing biases and investor confusion [J]. European Finance Review. 1997, 1 (1): 31 – 49.

[121] R. Jarrow, Y. Yildiray. Pricing treasury inflation protected securities and related derivatives using an HJM model [J]. Journal of Financial and Quantitative Analysis, 2003, 38 (2): 337 – 358.

[122] R. Litterman, S. Jose. Common factors affecting bond returns [J]. Journal of Fixed Income, 1991, 1 (1): 54 – 61.

[123] R. McCown, R. Zimmerman. Is gold a zero – beta asset? Analysis of the investment potential of precious metals, social science research network Working Paper No. 920396, 2006.

[124] R. Merton. The theory of rational option pricing [J]. Bell Journal of Economics and Management Science, 1973 (4): 141 – 183.

[125] R. Roll. Empirical TIPS [J]. Financial Analysts Journal, 2004, 60 (1): 31 – 53.

[126] R. Roll. U. S. treasury inflation – indexed bonds: the design of a new security [J]. Journal of Fixed Income, 1996, 6 (3): 9 – 28.

[127] R. Triffin. Gold and the dollar crisis: the future of convertibility [M]. Yale University Press, New Haven, 1963.

[128] R. Weston. Gold: a world survey [M]. New York: St. Martin's

Press, 1983: 78 – 89.

[129] S. Heston, S. Nandi. A closed – form GARCH option valuation model [J]. Review of Financial Studies, 2000 (3): 585 – 625.

[130] S. Johansen. Statistical analysis of cointegrating vectors [J]. Journal of Economic Dynamics and Control, 1988, 12 (2): 231 – 254.

[131] S. Schwartz, N. Torous. Prepayment and the valuation of mortgage – backed securities [J]. Journal of Finance, 1989, 44 (2): 375 – 392.

[132] S. Schwartz, N. Torous. Prepayment, default, and the valuation of mortgage pass – through securities [J]. Journal of Business, 1992, 65 (2): 221 – 239.

[133] S. Stephen, H. Dale. Market anticipations of government policies and the price of gold [J]. Journal of Political Economy, 1978, 86 (4): 627 – 648.

[134] T. Edel, L. Brian. A power GARCH examination of the gold market [J]. International Business and Finance, 2007 (21): 317 – 324.

[135] T. Garry. Gold prices, exchange rates, gold stocks, and the gold premium [J]. Australian Journal of Management, 2002, 27 (2): 123 – 140.

[136] T. Mikami. Investment strategy: convertible bonds and equity warrants [C]. Berkeley Program in Finance in Asia Seminar, Tokyo, 1990.

[137] T. Sunti. Warrant pricing by using constant elasticity model, an empirical study in Thailand, Working Paper, Chulalongkorn University, 2005.

[138] V. Akgiray, G. Booth, J. Hatem, and C. Mustafa. Conditional dependence in precious metal prices [J]. Financial Review, 1991, 26 (3): 367 – 386.

[139] W. Bailey. An empirical investigation of the market for COMEX gold futures options [J]. The Journal of Finance, 1987, 42 (5): 1187 – 1194.

[140] W. Fan, XY. Yuan. Call warrants on the China security market: pricing biases and investors confusion [J]. New Mathematics and Natural Computa-

tion, 2011, 7 (2): 333 – 345.

[141] W. Sharpe. Capital asset prices – a theory of market equilibrium under conditions of risk [J]. Journal of Finance, 1964, 19 (3): 425 – 442.

[142] X. Xu, G. Fang. Cross – market linkages between U. S. and Japanese precious metals futures trading [J]. International Financial Markets, 2005, 15 (1): 107 – 124.

[143] XY. Yuan, W. Fan, and Q. Liu. China's securities markets: challenges, innovations, and the latest developments [J]. International Finance Review, 2007 (8): 245 – 262.

[144] Y. Ho, Sang – Bin Lee. Term structure movements and the pricing of interest rate contingent claims [J]. Journal of Finance, 1986 (41): 1011 – 1029.

[145] Z. Ding, J. Granger, and F. Engle. Long memory property of stock market returns and a new model [J]. Journal of Empirical Finance, 1993 (1): 83 – 106.

后记：正确处理财政与货币关系，审慎看待赤字货币化

后记的主题不是关于黄金，而是涉及现代货币体系的讨论。在人类历史上，货币体系从黄金为代表的实物货币体系到美元为代表的纸币体系，再到如今对现代货币理论（MMT）的辩论，一直处于不断演化之中。因此，在后记中讨论最新的货币体系问题也还算切题。近期，国内的学者们对我国特别国债的发行方式讨论异常热烈：是否央行直接"下场"购买？是否能通过财政赤字货币化的方式？笔者在此也就当前的货币体系、货币政策问题，略抒己见，以飨读者。

1. 2020 年："完美风暴"与金融周期

庚子年初，一只黑天鹅迎面飞来，伴随着全球新冠疫情的爆发，全球各种金融资产 3 月集体暴跌，此次危机堪称"完美风暴"，叠加了历史上几次不同危机的形态：1918 年的西班牙流感、2008 年的次贷危机和 2010—2011 年欧债危机以及 2014—2016 年的油价崩盘。次贷危机爆发，全球经济本应出清，但以美联储为代表的各国央行通过一轮又一轮的"量化宽松"政策阻止了市场的出清（就像通过吃感冒药压制发烧症状）。这次疫情通过外部无形的手，体现"上帝的均衡"，试图来个大出清。

为了应对突如其来的风暴，美联储推出了超过 2008 年"量化宽松"的

无限流动性支持，在疫情以后大量购买资产，将其资产负债表从不到 4 万亿美元迅速扩表至 5 月底的 7 万多亿美元。

本次疫情过后，经典教科书（宏观经济学和资产定价理论）或会改写。因为有越来越多的国家"沦陷"，进入负利率阵营；如果作为货币中心国的美国也进入负利率，那么全球将进入一个负利率的时代，作为众多宏观经济学与资产定价模型的前提——无风险利率（暨人类耐性的倒数）大于0——被彻底推翻了。

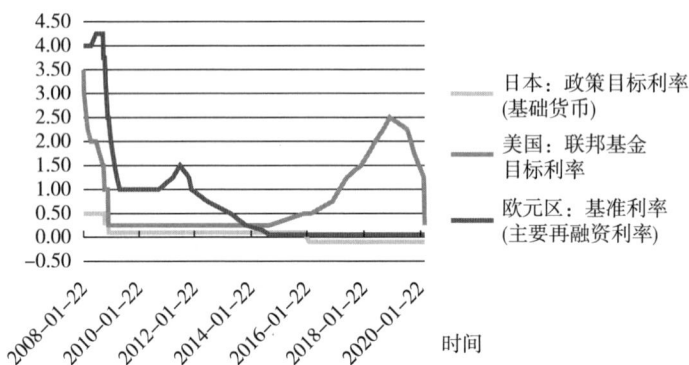

图 1　日美欧政策利率

（数据来源：Wind）

基于此，我们可能需要摆脱传统"经济周期理论"的思想约束，不再纠结市场是否已经出清，而从金融周期的角度思考问题。根据"金融加速器"理论，金融周期会加快我们的经济运行。尽管 2008 年以来，经济层面还未能完全出清，但我们已经非常清晰地看到：在 2008—2009 年，2012—2013 年，2015—2016 年的三次金融扩张周期之后，2020 年将进入过去 12 年来的第 4 个金融扩张周期。大家可以回顾下前面三次发生了什么，对今年的投资会有所启发：2008—2009 年的四万亿元，2012—2013 年的房价大涨，2015—2016 年的资产荒。前面三次扩张如愿以偿地短期刺激了经济增长，虽没有带来剧烈的通货膨胀，却推动了资产价格的大幅度上升。这一次的金融扩张，伴随着中国的扩大开放和深化改革，又会带来什么？我们拭目以待。

中国：M2：同比（%）

美国：M2：同比（%）

欧元区：M2：同比（%）

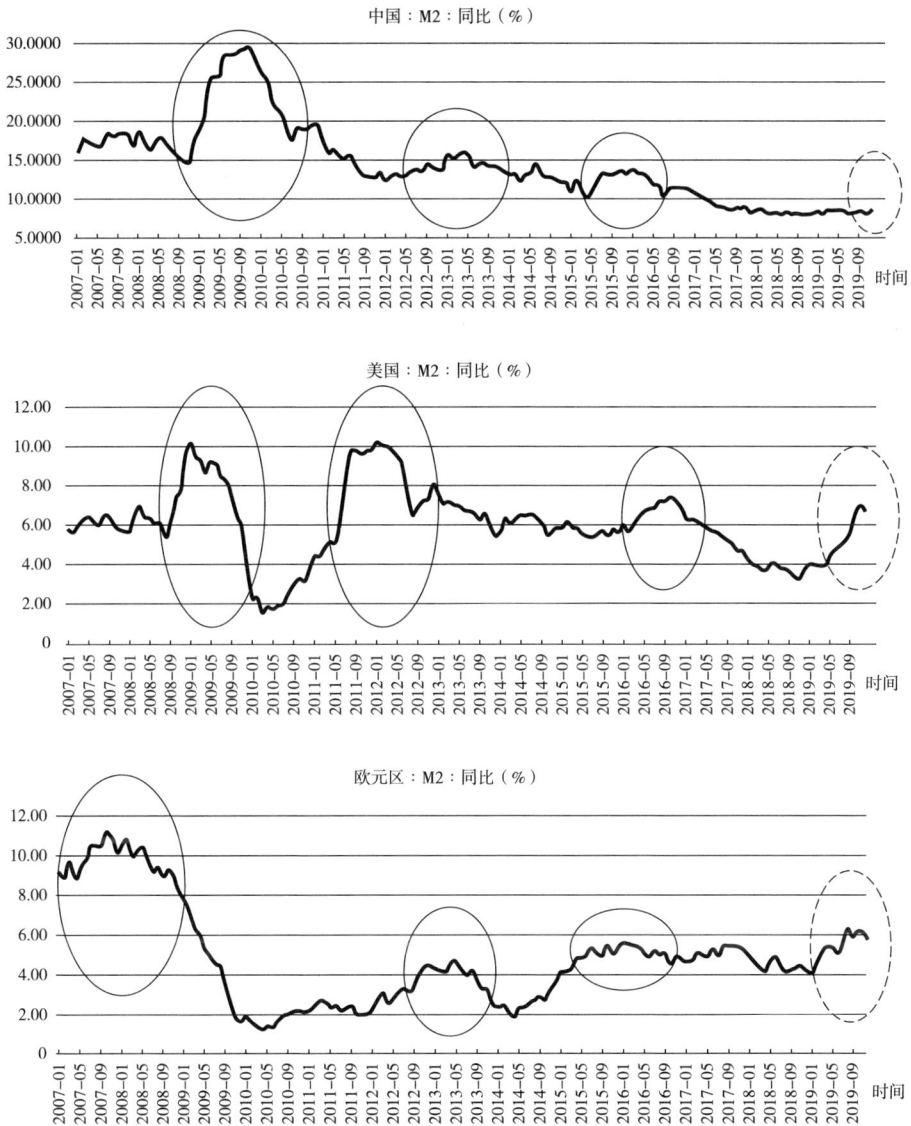

图 2　中美欧 M2 历年同比数据

（数据来源：Wind，图中圆圈为金融扩张周期）

2. 正确理解货币（货币体系与货币政策）的本质

近些年来，货币政策的工具不断推陈出新，货币政策的理论也随之发展创新。如何正确理解货币（货币体系与货币政策）的本质？其对货币政策操作实践又有何启发？在此笔者也略做简要的理解与分析。

（1）目前的货币政策制定要结合古老的费雪方程与金融加速器理论

现代货币理论的本质不是政府向央行无限透支和债务货币化，而是央行可以创造流动性，财政通过发债也可以创造流动性。因此，目前的货币政策制定，要综合考虑古老的费雪方程与金融加速器理论。货币不是存量概念，而是流量概念。根据以上理论，我们可以得到以下公式：

宏观流动性 = 基础货币 × 货币乘数 × 货币流通速度

这个方程与马克思主义的货币方程是一致的。其中，货币乘数和货币流通速度是一个不断变化的变量，需要货币管理部门适时进行宏观流动性管理。费雪方程 MV = PQ 的四个变量，只有 M 是政府可以直接调节的变量，其他三个变量（P、Q、V）均是经济运行的反映变量，政府不能直接调节。因此，当经济遭遇外在冲击时，政府需要调节变量 M，缓和或化解外在冲击对经济的影响，而不能坐视不管，等待市场自我出清。如果政府不作为，根据金融加速器理论，金融市场会放大冲击对经济的影响，后果不堪设想。

（2）货币不是池塘的水，而是大河的水，宏观流动性管理不能存量思维

货币不是存量概念，而是流量概念。根据货币窖藏及金融窖藏的理论，货币发行未必引发通胀，而是可能以现金的形式储存下来暨金融体系内部循环，也可能以资产的形式储存下来暨表现为资产价格上涨。

宽松的货币在低通胀、低增长、低利率的情况下，通过金融体系中介机制，无法均等地分给每个人，而是优先流入大型企业和少数富人，但由于其边际消费倾向较低，所以并不会引发通货膨胀，而是储存于各种资产

（中国是房地产市场，美国是股票市场）；与此同时，宽松的货币通过金融体系中介机制来流动，并不能持续地提高经济增速，只会加大社会的贫富差距。

（3）量化宽松货币政策两次帮助美国走出危机，并未弱化美元体系

美国通过伯南克主导的三轮量化宽松（QE）从 2008 年次贷危机中复苏，这一次鲍威尔通过重启 2008 年国际金融危机时的各项融资工具，同时宣布无限量 QE，避免了美国金融和经济体系的崩溃和大萧条。

同时，客观地讲，作为货币中心国，美联储投放基础货币和债务货币化等手段，甚至负利率，并未弱化美元体系。美元体系已进入第四代美元体系——"债务美元 +"体系（前三代美元体系是："黄金美元—石油美元—债务美元"）：美国通过货币互换协议，将欧元区、瑞士、加拿大、英国、日本、韩国、巴西、澳大利亚、新西兰、墨西哥、新加坡、瑞典、挪威、丹麦拉入其货币体系内，通过变相让渡部分的美元发行权利，"引诱"其他国家共同维护美元体系稳定。

我们不能以存量思维来看待美联储的无限 QE：用 M1、M2 等指标来看待货币投放，是还没有认清货币的本质与核心。我们应该以流量思维来看待，中国 M2 同样高企，但实际上工业品是通缩的，货币进入不了实体经济。

我们不应该拘泥于传统宏观经济出清理论，因为在现代金融体制下，市场公认的三大"世纪泡沫"——美国股票、日本债券、中国房地产不会崩盘出清。现代货币理论可以对冲货币乘数及货币流动速度的变动带来的对实体经济的不利影响。

（4）国家主权债三因子定价模型——债务货币化不会诱发债务危机，增长才是硬道理

2011 年，标普公司调降美国政府主权评级，但事实证明美国国债至今还是世界上最优质的债券资产。从国家主权债三因子定价模型上来说，"债

务比率"与"赤字比率"其实并不是致命的；只要一个国家的经济名义增长率保持高于名义利率，该国就能够将赤字和经济发展同时维系下去。所以我们认为，增长才是硬道理。如果没有经济增长，就算"债务比率"与"赤字比率"较低，同样也可能诱发债务危机。

（5）人民币国际化的本质和前提

一些专家认为，美元作为国际中心货币，一直享受着全球的铸币税，所以人民币也应该强推国际化。不过，我们认为：人民币国际化应该是有一个水到渠成的过程，其前提是中国企业全球化；与此同时，人民银行持续推动人民币和外币互换协议，人民币才能最终国际化。美元成为国际中心货币的过程同样也是漫长的。从 1895 年开始，美国成为世界 GDP 第一的国家，但直到第二次世界大战结束，美元才替代了英镑的国际地位。所以，我们认为，一国货币的国际化是综合国力的结果，而不是原因。

3. 关于当前情势下的货币政策建议

（1）保持经济增速的名义增长率高于名义利率

关于货币政策的流动性调控，在新时代，我国应该用新思维来调控宏观流动性，不再纠结于"债务比率"与"赤字比率"等传统指标，而是通过保持实体经济增速的名义增长率高于名义利率，防止债务出现发散，从而维持债务的可持续性。

（2）央行可直接给小微企业投放现金或贷款，维持市场微观主体的稳定

我国的实体经济已从要素（劳动力、资本）推动阶段转换到效率驱动阶段，效率的高低直接决定了经济增速的高低。我们要向民营企业要效率，而目前受疫情影响，民营企业特别是小微企业的生存已经受到了严重冲击与威胁。情急之下，央行有必要直接给小微企业投放现金或贷款，以维持市场微观主体的稳定。

（3）央行应保持汇率稳定，维持外部现金流的稳定

外部现金流是一个国家最重要的现金流量来源，其重要性超过内部现金流（内部现金流改善，可以部分自我改革完成，如上文；而外部现金流则只能从国际市场获得）。我国目前外部现金流有三个来源：国际贸易顺差、外商直接投资与金融市场资金净流入。

我国仍然需要持续坚持对外开放、鼓励出口，维持贸易顺差；保持汇率稳定、吸引外资 FDI；同时，加强对中概股的监管，严惩造假公司，吸引海外金融机构购买中国股票与债券，维持外部现金流的稳定。

（4）避免拉美化陷阱，不搞老基建，加强新基建，保护知识产权和企业家精神

笔者认为拉美化陷阱的本质首先是贫富差距，其次才是货币滥发。美国如今宛如在走社会主义道路，直接给居民、企业发钱。我国更应该坚持走社会主义道路，给小微企业发钱，给老百姓发钱，增加收入与需求。

我们不能继续大量投资对经济增长、社会需求的边际效应都趋弱的传统基建领域，这会进一步导致贫富差距扩大；在推动新基建的过程中，也要以市场为主体（政府引导），减少政府干预，保护知识产权，保护企业家精神。

（5）减缓产业链脱钩，增加人民币的国际份额

美国遏制我国的一个主要手段，就是要将中国排除在世界分工体系之外，同时阻止中国形成自给自足的高科技工业体系；而在金融方面，美元是世界货币，要减缓人民币独立的国际化进程，就是要使人民币和美元脱钩。

所以，我们建议要继续保持人民币对美元的半挂钩、港元对美元的挂钩（联系汇率制度）。这样一方面能使中国通过参与世界分工和对外贸易，保持实体经济和工业体系在全球的相对竞争优势；另一方面也使人民币在国际货币体系中的清算份额不断增加，国际地位逐渐得到提升。